Carlos Cuauhtémoc Sánchez
con Romina Bayo

Mientras Respire

DIAMANTE

ISBN 978-607-7627-70-8

Mariano Escobedo No. 62, Col. Centro, Tlalnepantla Estado de México, C.P. 54000, Ciudad de México. Miembro núm. 2778 de la Cámara Nacional de la Industria Editorial Mexicana.

Tels. y fax: (55) 55-65-61-20 y 55-65-03-33
Lada sin costo: 01-800-888-9300. EU a México: (011-5255) 55-65-61-20 y 55-65-03-33. Resto del mundo: (+52-55) 55-65-61-20 y 55-65-03-33

Escríbenos: informes@esdiamante.com ventas@esdiamante.com
Diseño gráfico: Leticia Domínguez C. y Sarahí A. Moreno V.

Referencias de la solapa:
1 José Francisco Hernández, escritor y crítico.
2 Diario ABC, Asunción Paraguay.
3 Periódico Reforma, México.
4 Revista Time, New York.
5 Encuesta Nacional de Lectura 2007 SEP, UNAM, CONACULTA.

www.carloscuauhtemoc.com
www.editorialdiamante.com
facebook.com/GrupoEditorialDiamante
facebook.com/carloscuauhtemocs youtube.com/gpoeditorial
twitter.com/ccsoficial twitter.com/editdiamante

IMPRESO EN MÉXICO / PRINTED IN MEXICO

Introducción

Mi amiga, Romina Bayo, es poeta. Tiene una gran capacidad para retratar las emociones humanas de forma artística. Ella escribió tres descripciones líricas de mujeres que fueron víctimas de abuso emocional y físico. A pesar de su brevedad (o gracias a ella), los testimonios de Romina estaban llenos de poesía. Algo que yo no había visto antes. Le sugerí que me permitiera sacarlos a la luz construyéndoles una trama compartida y un universo donde pudieran moverse. Los puse dentro de mi molienda mental para extraerles su néctar y comencé a escribir una novela con esos colores.

Fui muy respetuoso al trabajar los testimonios personales de las tres mujeres del libro, procurando que conservaran la esencia (y en la medida de lo posible, la forma) de Romina. Pero, de manera independiente, la nueva novela fue creciendo hasta convertirse en un monstruo incontenible de sorpresas.

Ocurrió algo milagroso: Los personajes cobraron vida. Se hicieron reales. Me persiguieron de día y de noche, ansiosos de gritar sus frustraciones, deseosos de morir, pero, en el fondo, profundamente necesitados de vivir.

En el proceso de escribir esta obra se desataron frente a mis ojos fuerzas dramáticas capaces de atrapar corazones y crear conciencias. De pronto, todo tuvo mayor sentido.

Las valiosísimas aportaciones de mis asesores[1] contribuyeron también a que la historia progresara y adquiriera un

---

1 Rosa Elena Gutiérrez, María Teresa Rodríguez, Ivonne Herrera, Sheccid Sánchez, Marlyn Ríos, Liliana Sánchez, Emilio Aparicio, Ivi Sánchez, Mauricio Herrera, Aimeé García, Lety Domínguez, Sarahí Moreno, Flor Acevedo, Aurora Martínez, Jeinny Solís.

formato más trascendente.

Sin duda, pocos libros, como este, me han estremecido tanto durante su elaboración.

Si los lectores (tal cual suele decirse), pueden conectarse a las ideas y emociones que experimentamos los autores al escribir, querido amigo o amiga, el contenido de este libro le depara una experiencia muy intensa.

Disfrútelo y súfralo.

Con cariño,
Carlos Cuauhtémoc Sánchez.

1

Mireya había amado mucho, pero se equivocó al amar. Fue lastimada en nombre del amor, y eso la mató un poco cada día.

Llevaba varios días sin alisarse el cabello que se le encrespaba ante el menor descuido. Era pelirroja, de piel rosada, pecosa; sus dos dientes frontales le daban una apariencia infantil cuando sonreía, pero hacía tiempo que no se aplacaba el pelo ni mostraba su dentadura al reír. El rostro de Mireya había perdido el brillo cándido que la caracterizaba. Estaba muy lejos de parecer esa niña de cara redonda y caireles anaranjados. Ahora se veía como una señora madura, más bien tosca, fatigada de penas que le quitaban el resuello y le invertían la sonrisa dibujándole en las comisuras profundas marcas de expresión.

¿Cómo podía una mujer como ella, tan dulce, tan romántica, tan capaz de brindar cariño, haber errado no una, sino tres veces? ¿Cómo pudo dejarse usar por dos hostigadores para después entregar su corazón al hombre equivocado? De las primeras caídas se levantó encallecida y hasta incitada a la revancha. Pero de la última, no. Jamás se recuperaría. Había marcado su fin. No se sentía capaz de seguir viviendo.

Tomó un frasco de calmantes, vertió el contenido completo sobre su mano y lo miró. Necesitaba acelerar las cosas.

Echó las pastillas a la boca y las tragó.

2

Zoe tenía esposo, pero nunca estuvo enamorada; tenía hijos, pero hacía mucho que perdió la inspiración maternal.

Ella conocía el rechazo.

Sin recibir golpes físicos, su cuerpo le dolía. Viviendo en ambientes *educados*, fue vilipendiada en silencio: ignorada por sus padres, burlada por sus amigos escolares, repudiada por el único novio que tuvo, y maltratada emocionalmente por su marido.

Esa tarde, Zoe parecía más delgada de lo que era (su esbeltez extrema causaba la impresión de un serio problema alimentario); tenía ojos ambarinos, piel blanca y cabello oscuro. En la adolescencia, sus hermanos le decían "la bruja de Salem", comparándola con la hechicera de mirada intensa y cabello largo, negro, que protagonizó una famosa película. Por eso, desde joven se cortó el pelo al nivel de la barbilla y no volvió a dejárselo crecer.

Aunque estaba en apuros, evitaba buscar ayuda. Sabiéndose enferma, no le apetecía sanar. Sufría el agotamiento de la soledad nociva, la corrosiva, la que le guillotinó el corazón centímetro a centímetro en los últimos años.

Zoe solía manejar un auto viejo; un auto cansado; tanto como ella... ¿y si se estrellara en la carretera? Dicen que muchos accidentes automovilísticos fatales son producto de impulsos suicidas (al llegar a la curva, el conductor decide acelerar en vez de frenar)...

Esa tarde se animó. Tomó el volante con todas sus fuerzas y se precipitó hasta el fin.

3

Ana era rubia, de ojos claros y piel canela. Cuando caminaba, hacía girar la cabeza de los transeúntes al pasar. Pudo ser modelo o actriz, pero la vida la llevó por litorales muy distintos. A causa de su belleza, se le endosaron fantasmas despiadados que la acompañaron desde niña y estuvieron a punto de destrozarla varias veces.

Alguna vez escuchó a especialistas asegurar que cuando un individuo se quita la vida, el demonio del suicidio permanece rondando en su familia hasta que logra poseer el alma de otro inocente (un hijo, un hermano, un padre) y después otro y otro más... Eso le parecía un cuento de terror. Pero su abuela se suicidó. Y ahí estaba ella. Cuestionando la autenticidad del cuento y observando el cuchillo en sus manos; una hoja de acero inoxidable afilada como navaja de afeitar.

Imaginó haciéndose una incisión precisa, profunda, que no dejara duda de su cálculo. Se puso el cuchillo en el cuello. No. Iba a ser difícil llegar a la yugular; está muy profunda; detrás de la tráquea. Cambió de sitio. Puso la punta afilada en la boca del estómago y se preparó a empujar como hacían los japoneses ancestrales practicantes del harakiri. Temió no tener fuerzas suficientes. Revisó el filo de la navaja. Volvió a modificar su posición; abrió la palma de la mano izquierda y buscó sus venas.

¿Por qué si había pensado mucho en esto, le resultaba tan difícil? ¿Por qué, si ya estaba muerta en un cincuenta por ciento, no podía completar el asunto?

El cuchillo reflejó la luz de la lámpara en su rostro. Entonces lo supo. Tuvo una revelación. No podría quitarse la vida por ella misma. Si no tenía valor para existir, menos para arrancarse de tajo la existencia. Alguien tendría que empujarla. A eso podría nombrarle "tesis del arrojo". Aunque un individuo crea tener el valor para ciertas prácticas extremas por primera vez (como arrojarse de un paracaídas, cometer actos vandálicos, o inyectarse una droga devastadora), en realidad no puede hacerlo solo; necesita el apoyo destructivo de otras personas. O dicho más simple: *Para aventarse al abismo, siempre ayuda un empujón*.

En ese momento sonó el celular. Ana movió la cabeza expeliendo un reclamo.

—¿De veras?

Era típico. En las telenovelas, el teléfono sonaba siempre que alguien se iba a suicidar, y del otro lado se escuchaba una canción religiosa o especie de murmullo divino que iluminaba el alma del suicida y lo disuadía de sus intenciones. Ana levantó las manos en un gesto de sátira. El celular seguía vibrando. Seguro no era un ángel. Y si lo era, quizá pretendía decirle que dejara de jugar y se cortara las venas de una buena vez.

Miró la pantalla. Su amiga Mireya.

Puso el cuchillo sobre el lavabo y contestó con tono de ultratumba.

—¿Sí?

Pero la voz que le respondió era peor todavía.

—Ana... estoy muy mal...

—Ajá... ¿qué tan mal?

—Desesperada. Sin ganas de nada —la voz de Mireya se atoraba, pastosa, con dicción ininteligible y ronca—, me tomé una botella entera de pastillas para dormir. Pero vomité.

Ana se sentó sobre la tapa del retrete y emitió una especie de llanto combinado con risas. ¿Mireya le había llamado para pedirle ayuda?, ¿para contarle su zozobra, y recibir frases de aliento?

—Te equivocaste de número.

—¿Qué?

—¿Me llamaste para que te motivara? ¿Para oír que todo mal es para bien? Ay, amiga... A mí me encontraste en el baño, frente a un cuchillo.

Mireya no respondió. Pasaron un par de minutos en silencio. Ambas sabían que seguían ahí, del otro lado de la línea, porque podían escuchar sus respiraciones entrecortadas.

El celular de Ana vibró de nuevo. Había un cuadro de texto. Lo leyó. Era el colmo. Luego preguntó:

—¿Mireya? ¿Sigues ahí?

—Ajá.

—Escucha. Es increíble. Acaba de llegarme un mensaje de Zoe... dice que hoy sufrió un accidente en el que casi se mata; está desmoralizada —hizo una pausa enfatizando la ironía—, esto es una epidemia.

—Me estalla la cabeza.

—A mí también.

Pero no era la cabeza. Era el alma... era la montaña de recuerdos ingratos y aplastantes. Era la falta de razones para seguir luchando, traducida en falta de aire... en asfixia lenta.

—¿Qué más dice Zoe?

—Que está en el Café Holandés, frente al parque, sola. Quiere vernos.

—No sé si pueda caminar hasta allá.

—Pide un taxi.

4

Hacía frío. Un extraño viento helado se paseaba por las calles apoderándose de la noche y ahuyentando a los peatones.

El farol de la esquina prendía y apagaba de forma intermitente, emitiendo crujidos de un chisporroteo gaseoso y clandestino.

Ana llegó a la cafetería holandesa en pantuflas, vestida con ropa de felpa y sin bolso, como si la hubiesen sacado de la cama. Abrió la puerta de cristal que hizo sonar una campanita.

Vio a Zoe. Era la única clienta. Tenía la cabeza agachada. Su cabello negro le cubría el rostro. Estaba en la mesita más lejana. Llegó hasta ella y la saludó con cariño.

—Así que tuviste un mal día... quiero decir —corrigió—, *otro* mal día.

—El peor —Zoe respondió sin levantar la cara—. Gracias por venir, Ana.

La puerta del establecimiento volvió a abrirse y la campanita sonó de nuevo.

—Mireya acaba de llegar también.

Zoe echó un vistazo de reojo hacia el pasillo. Su fleco se movió dejando entrever profundas raspaduras.

—¿Qué te pasó?

Negó en silencio. Ana le puso una mano en la barbilla y le levantó el rostro suavemente. Mireya llegó hasta ellas y se tapó la boca en señal de asombro. Zoe tenía varias cortadas y un parche de gasa que le cubría el ojo derecho.

—Choqué... —dijo sin rodeos.

—¿Cómo?

—¿Por qué no se sientan?

—Con razón no vimos tu auto en la calle.

—Fue pérdida total. El coche quedó hecho añicos, sin vidrios; los ejes se doblaron, las llantas reventaron y se salieron de su sitio —comenzó a reírse como si tuviera un ataque de histeria—, pero el motor siguió andando. ¡No se apagó! ¿Lo pueden creer?, sacaba humo, olía a quemado y continuaba en marcha. Tuvieron que girar la llave del encendido para que se apagara.

—Tienes suerte de estar viva.

—Exacto, *mala* suerte —sus amigas cruzaron una mirada culposa—. En realidad me quería morir.

Las tres se embotaron en un silencio pincelado de angustia, como el de sobrevivientes exánimes que despiertan pesarosas en la fosa común después de una catástrofe. Fue Mireya quien quiso romper la burbuja pegajosa del pesar que las había aprisionado y preguntó los detalles; aunque sabía muy bien que los detalles no importaban.

—Cuéntanos; desahógate; ¿cómo ocurrió el accidente?

—Ya les dije; no fue un accidente.

—Sí. Sí, ¿cómo decidiste chocar?

—Aceleré a fondo y cerré los ojos... eso es todo...

—Pero pudiste matar a alguien más.

—Sí... Lo sé y no me importó. Pasé varios cruceros a toda velocidad. Fue un arranque de locura.

—¿Por qué?

—Estoy cansada de ser una marioneta, de no tener voz ni voto, de existir atrapada en una rutina hermética y sin sentido.

—¡Pero tienes un marido y dos hijos! —protestó Ana—. La familia que ni Mireya ni yo pudimos tener...

—Sí... —sonrió con tristeza irónica—. Mis hijos se fueron a un campamento de verano; yo iba manejando de regreso; después de dejarlos en el aeropuerto, comprendí que estaba regresando a una casa vacía... Mi esposo salió de viaje también, no me dijo por cuanto tiempo; esta vez se llevó mucho equipaje; demasiado; como si pensara mudarse. Ni siquiera se despidió de mí. Nadie me mira a los ojos; he pasado por muchas decepciones y supe que no deseaba volver a esa vida. Así que pisé el acelerador y me escondí detrás del volante. Llegué al final de la calle y tomé la decisión de estrellarme en la pared, pero en el último segundo tuve un impulso inconsciente que me hizo girar. Entonces me volteé.

La única mesera del establecimiento se acercó llevando los menús impresos, pero al percibir el rostro apesadumbrado de las mujeres, optó por pasar de largo sin molestarlas. Solo se detuvo un breve instante dejando las cartas en la mesa adyacente.

—Zoe —dijo Ana con voz de ultratumba—. Míranos... Voy a decirte algo que no vas a poder creer —Zoe se esforzó por abrir el único ojo que tenía sano—. Las tres somos amigas. Desde niñas jugábamos en la misma calle. Hemos llorado juntas muchas veces por nuestras tristezas, nos hemos consolado y ayudado. Pero hoy ocurrió algo realmente extraño —hablaba con voz neutra, sin emoción, como hablan las personas deprimidas—. Las tres quisimos quitarnos la vida. Cada una por su lado.

—Y no pudimos... —completó Ana.

Zoe asintió; la noticia le pareció lógica. Después de todo, eran casi como hermanas; estaban espiritualmente conectadas.

—El que quiere, puede —acotó Zoe—, en realidad no quisimos.

—Es verdad —se habían acercado al borde del abismo tratando de dar el salto, porque no eran felices, porque no veían cómo podían llegar a serlo en el futuro, y porque les aterraba seguir viviendo con ese miedo que a veces se convertía en pánico.

¿Por qué llegaron a la orilla de tal acantilado del que parecía no haber retorno?

Mireya tomó aire y su rostro se contrajo como si estuviese a punto de atreverse (de una vez por todas) a lo peor. Sus compañeras sabían que algo muy grave estaba cruzando por su mente. Y lo dijo:

—Suicidémonos juntas...

5

Zoe se dejó caer en una silla del comedor.

Tomó el celular y pidió dos pizzas. Lo hizo con voz débil. Tuvo que repetir la orden varias veces para que el joven al teléfono le entendiera.

Después, tambaleándose, caminó a la cocina y se preparó café. Su último café. Bebió un sorbo. Le supo amargo... Pero no lo arregló. Se sentó de nuevo y pensó.

Suicidarnos juntas. Esto es una locura.

Recordó las razones que dio Mireya en la cafetería.

—Antes de morir contaremos al mundo nuestras experiencias. Miles de personas se identificarán. Tal vez propiciemos que deje de sucederle lo mismo a muchas otras almas atormentadas.

La mesera se acercó para indicar que la cocina había cerrado; fue no solo ignorada, sino ahuyentada por las miradas hostiles de las tres únicas clientas.

Ana giró la cabeza cerciorándose de que nadie más la escuchara.

—Continúa.

—Expondremos nuestros testimonios y echaremos a andar los mecanismos para difundirlos.

—¿Los mecanismos? —objetó Zoe con voz vehemente pero manteniendo un volumen bajo, como quien

discute los planes de robar un banco—. ¿Quieres que vayamos a televisoras? ¿Que demos conferencias o escribamos libros? ¡No sabemos hacer nada de eso! ¡Ni podemos! ¡Ni tenemos la energía, ni la libertad, ni las ganas!

—Espera, claro —Mireya parecía irónicamente convencida—, imaginen que plasmamos un mensaje. No por escrito, sino de viva voz. Tal vez en video. Esa evidencia podría dar la vuelta al mundo en Internet y se convertiría en un mensaje viral de protesta contra la manipulación sexual y afectiva.

—De eso ya hay mucho —protestó Ana.

—Pero no expresado por alguien dispuesto a todo —enfatizó—, a todo, *por difundirlo.*

Ana negaba con la cabeza.

—La gente acabará teniéndonos lástima. Quitarse la vida es símbolo de cobardía.

—No si en vez de quitárnosla, la damos *para despertar conciencias.*

—Me parece de lo más absurdo.

—Al revés. Eso hizo Gandhi con su ayuno, o Nelson Mandela con su encarcelamiento, o la Madre Teresa besando a los enfermos infecciosos. Al morir las tres juntas, dejando ese testimonio grabado, nadie verá nuestra muerte como un acto de cobardía, sino todo lo contrario. Representaremos a las personas que teniendo un motivo para pelear, eligen la lucha pacífica.

La voz de Mireya flotó en el aire con la densidad de una nube venenosa. Ana se quedó sin argumentos y

Zoe sintió que la piel de los brazos se le erizaba. De pronto, las profundas lastimaduras de sus almas parecían tener cierto valor comercial a los ojos de Mireya. Ella era la contadora, la que todo lo tasaba en valores cambiarios. En algo tenía razón. Nadie en su sano juicio desea ser borrado de la Tierra como una brizna de polvo que se la lleva el viento. Aunque murieran, se había despertado en ellas la vocecita interna invitándolas a dejar una huella indeleble.

Zoe por tradición (la única casada, esposa de un empresario famoso) aprobaba o desaprobaba los planes de las tres. Así que Ana y Mireya la voltearon a ver.

—En mi casa hay una cámara de video profesional —comentó muy despacio—; es de Yuan; la tomaremos prestada. Por otro lado, conozco a una periodista promotora de los derechos humanos. Se llama Pilar Burgos. Voy a pedirle que grabe nuestras historias... Pero nadie le dirá lo que haremos después.

Sonó el timbre de la puerta.

Era Mireya. Había llegado media hora antes de lo acordado.

—Hola, Zoe. ¿Estás lista?

—Más o menos.

—Tienes el ojo muy amoratado. Parece que te atizaron a puñetazos. ¿Por qué te quitaste el parche de la cara? ¿Quieres darle un efecto más dramático a tu testimonio?

—No. Lo hice porque tenía comezón. Voy a aclarar que mi esposo nunca me ha pegado, pero así como me ven por fuera, estoy por dentro.

—Genial —Mireya se apretó el estómago con ambas manos; al encogerse pareció más baja de estatura, aunque junto a Zoe, siempre se veía pequeña—. Yo también estoy mal internamente. Desde hace rato siento unos cólicos que me están enloqueciendo.

—¿Quieres un poco de agua?

—Sí, por favor.

Mientras Zoe le servía un vaso, Mireya se acercó a la alacena y buscó algo para comer también. Solo encontró nueces rancias. Las vertió en una bandeja de cristal cortado y las llevó al centro de la sala.

—No veo la videocámara —dijo Mireya—, ni el tripié. Dijiste que tenías equipo profesional.

—Me equivoqué. Yuan se lo llevó; yo solo tengo esto —sacó del bolsillo del pantalón una camarita portátil—, pero no te preocupes. Pilar traerá la suya. Ella es periodista.

—¿Por qué te noto tan desganada?

—¿Por qué será, amiga?

¡Ring!

Volvió a sonar el timbre de la puerta.

Era Ana. La rubia llamativa. Con blusa de tela elástica y pantalones pegados a las piernas. Hacía mucho que Ana había dejado de ocultar sus formas femeninas detrás de ropas holgadas y era, por naturaleza, la más sensual de las tres.

—Llegas puntual —la recibió Mireya— y siempre de buen aspecto.

—Hoy ni siquiera me peiné ni maquillé —Ana tenía la boca seca—. Necesito un poco de agua.

—Toma —le dijo Zoe.

Mireya se mostró socarrona.

—En la mesa hay nueces rancias. Es la única botana de la noche. Zoe pidió pizzas como vianda de despedida. Ella tampoco se arregló. Mira sus pantalones bombachos. Claro. Los usa porque en las bolsas guarda su equipo fotográfico.

Zoe desaprobó la chanza.

—¿Qué te pasa, Mireya?

—El nerviosismo causa distintos efectos en la gente —diagnosticó Ana.

Zoe retomó el liderazgo con laconismo.

—¿Trajeron sus cartas para deslindar responsabilidades?

—Sí

—Pónganlas aquí.

Zoe les alargó una charola en la que ella previamente había depositado una nota explicativa de su suicidio. Mireya y Ana colocaron sus cartas. Dejaron el platón sobre la mesa central en la sala, junto a las nueces. Así sería fácil para las autoridades encontrarlo.

—Ana. ¿Conseguiste la droga?

Asintió.

—A verla.

Sacó una bolsita con tres frascos de plástico transparente.

—Son anestésicos; se usa para el ganado. Es la droga depresora más fuerte que hay. Podemos tomarla. Lo ideal sería inyectarla. No sentiremos nada. Será un viaje placentero. Nos quedaremos dormidas y cruzaremos la línea. Eso sí, tal vez al momento indicado, necesitaré que alguien me ayude. Yo soy muy cobarde. A ver cómo le hacen para darme el impulso. Es mi "tesis del arrojo". *Para aventarse al abismo, siempre ayuda un empujón*.

Zoe ladeó el rostro sin saber a lo que Ana se refería. ¿Estaba sugiriendo que le dieran la droga diluida en algún alimento? ¿O que le pusieran la inyección por sorpresa? ¿Cómo esperaba ser "empujada"?

—¿Dónde la conseguiste?

—La conseguí. Eso es todo. Tengo contactos —cambió el tema—. Háblanos de la periodista que va a venir. ¿Podemos confiar en ella?

—Sí. Se llama Pilar Burgos. Tiene un programa semanal de reportajes en la televisora nacional. Es famosa por su dureza al abordar ciertos temas.

—¿Sabe lo que queremos hacer?

—Claro que no.

Las amigas se sentían como extrañas. Muchas veces habían planeado actividades juntas, pero ahora era distinto. La pesadez del aire las atormentaba y les quitaba la naturalidad al hablar.

—Me aterra desnudar mi alma frente a la cámara de una periodista —confesó Ana—, sabiendo que, después, miles de personas verán la grabación.

—Millones —dijo Mireya.

—Pero ya estaremos muertas —recordó Zoe.

El comentario sonó macabro. Sin embargo, el rostro y la mirada de Zoe también lo eran.

Guardaron silencio distraídas con su lista de pendientes. Todo parecía en orden. Las cartas explicativas en la charola; la droga mortal sobre la mesa; Pilar, la periodista que haría el reportaje póstumo, a punto de llegar.

Ana rompió el mutismo con una referencia triste.

—Nosotras somos como una familia... Alguna vez supe que en la casa para desahuciados de la Madre Teresa, los voluntarios ven morir todos los días a una o dos personas. Pero tienen esta filosofía. Dicen: «No podemos ayudar a nuestros enfermos a sanar, porque están desahuciados; en cambio, hemos decidido convertirnos en sus familiares; ellos no tienen familia, por eso los apoyamos, los abrazamos, les damos el último adiós. Eso hacen las familias».

El timbre.

¡Ring!

Eran las pizzas.

Zoe las recibió.

—Así que cenaremos comida chatarra —insistió Mireya—, Zoe. Hoy debiste cocinar. Hacer tus mejores guisos. Aún podrías al menos preparar una botana.

—Ja. —Zoe no estaba con ánimos para bromear; puso las pizzas sobre la mesa del antecomedor y pensó en reclamarle a Mireya que si tanto quería celebrar, hiciera ella las cosas, pero el mismo desaliento que no le permitió cocinar, ahora le impedía polemizar.

Volvieron a sentarse en sillas aisladas; de pronto se les habían agotado los temas. Envueltas en las más oscuras tinieblas de melancolía se preguntaban secretamente. *¿En realidad estamos haciendo esto?*

A la media hora se escuchó de nuevo el timbre de la puerta.

Era Pilar.

6

Pilar entró seguida de un hombre apuesto, con mirada seria y mejillas marcadas por la línea oscura de una densa barba corta, como si no se hubiese rasurado en tres días. El sujeto cargaba dos maletas con bártulos fotográficos.

—Hola. ¿Cómo están?

—Bien.

Era una mujer de espaldas anchas, morena, delgada; vestida en jeans, camiseta deportiva y zapatos tenis. Más que periodista, parecía la entrenadora de un equipo de triatlón.

—Gracias por invitarnos a su casa.

—Al contrario —Zoe tomó el papel de anfitriona—, las agradecidas somos nosotras.

—Les presento a mi esposo. Roberto —y brindó información gratuita—. Es psicólogo; catedrático. Solo que últimamente me acompaña a todos lados, por seguridad. Ya se imaginan. Estoy pasando por una etapa crítica.

El hombre saludó de mano a las mujeres; comentó:

—Hoy voy a ser el técnico de iluminación y cámaras. Pero hagan de cuenta que no existo.

Sonrieron por cortesía, Ana frunció la boca. Mireya y Zoe se sonrojaron un poco. La idea de que un hombre escuchara sus historias le restaría privacidad al desahogo. Por otro lado, Roberto parecía hombre cabal; aunque tenía la mirada franca de un psicólogo capaz de hallar secretos que solo él puede ver, tenía también la actitud sencilla de un compañero tímido, dispuesto a servir sin incomodar.

—Qué casa tan bonita —Pilar echó un vistazo general, admirando los detalles—. En este hogar hay una gran decoradora. ¿Verdad?

—Sí... —Zoe respondió el elogio con desazón—, es profesional. Se llama Rosalba. Trabaja para mi marido. Ella pone los adornos. A mí no se me permite tocarlos.

Pilar se lamentó de haber hecho un elogio que resultó agravio.

—Discúlpame Zoe.

—No te preocupes.

—Entiendo que desean grabar sus historias con intenciones de que Roberto y yo podamos usarlas para un reportaje. Quiero anticiparles algo: trataremos con sumo respeto cuanto digan. No lo editaremos ni le daremos matices distintos. El sufrimiento por el que ustedes han pasado no será en vano. Sus vidas brillarán y se convertirán en luz para otras personas.

A pesar del profundo pesar, Zoe se sintió reconfortada. Ella fue quien invitó a Pilar. Al menos en eso no se equivocó.

Ana movió la cabeza.

—Yo estoy nerviosa... Creí que el ejercicio iba a ser algo... cómo explicarlo... más íntimo.

—Lo será...

—Pero —insistió en su inconformidad, tratando de no parecer grosera—, diremos cosas... tú entiendes... de mujeres... y la presencia de un hombre... no sé...

—Tranquila. No te preocupes por Roberto. Lo necesitamos. Es experto en fotografía, pero también en terapia de catarsis. Si confías en mí, puedes confiar en él. Créeme. En veinte años de matrimonio no me ha fallado.

Sonrieron. Pilar ponía sus condiciones. Tenía derecho.

—¿Apetecen una rebanada de pizza? —dijo Zoe—. Todavía están calientes —y agregó con legítima turbación—. Discúlpenme por no haber cocinado algo más formal.

—La pizza es perfecta.

Tomaron asiento en el antecomedor.

—¿Y qué reportajes has hecho últimamente? —preguntó Mireya—. Tienes fama de ser una periodista dura.

—Estoy trabajando en mil cosas a la vez. Algunas muy peligrosas. Sin proponérmelo me he convertido en portavoz de una nueva conciencia social para ayudar a niños y mujeres secuestradas por tratantes sexuales. He cerrado burdeles y prostíbulos. He rescatado a jovencitas desaparecidas y usadas en el comercio erótico. He promulgado la detención de proxenetas y productores de pornografía.

La enumeración dejó a todas asombradas.

—Esa es la parte difícil —dijo Roberto tomando un pedazo de pizza con aire natural—, pero Pilar también hace investigaciones más nobles... ¿Por qué no les enseñas el reportaje que estás preparando para el próximo domingo diez de mayo? ¿Lo traes?

—Sí, amor... sin embargo tampoco se puede decir que sea color de rosa. El día de las madres es una fecha sagrada y este video es fuerte; va a causar mucha polémica.

—Como todo lo que tú haces. No por nada, por ejemplo, unos tipos de muy mal aspecto nos venían siguiendo hace rato.

El tono de peligro implícito en la última frase de Roberto dejó entrever que la simple proximidad de esa mujer era riesgosa.

—El video dura solo seis minutos —se disculpó Pilar—, no he querido resumirlo —sacó una tableta electrónica y buscó el archivo—. Aquí está.

Antes de que lo reprodujera, Ana hizo una pregunta preventiva.

—¿Quiénes los perseguían?

—No sabemos. Tal vez televidentes inconformes con alguno de mis reportajes... Tuvimos que acelerar y meternos por varias callecitas para perderlos. Lo bueno es que Roberto sabe manejar muy rápido.

—¿Y no pudo ser gente mala? —insistió Ana—, ¿es decir, mafiosa? En tu trabajo te juegas la vida. Seguramente tienes anécdotas terroríficas en las que, por ejemplo, esos comerciantes del erotismo a quienes has perjudicado quieren vengarse de ti.

—Bueno —lo reconoció—. Hay gente malvada en todos lados. Solo debemos sabernos cuidar. Sí. Tengo anécdotas que les pondrían los pelos de punta —y externó la sospecha flotante—. Mis amigos saben que corren riesgos estando junto a mí.

—¡Perfecto! —respondió Ana con desfachatez—. Nosotras hemos llegado a un punto de la vida en el que ya no tenemos mucho por qué cuidarnos... Si alguien quisiera matarte, me pondría en frente. Sería la ayudadita que necesito. También mis amigas lo harían. ¿Verdad?

Zoe y Mireya hicieron un gesto de molestia. Pilar aguzó la mirada leyendo el lenguaje corporal de las tres. Se dio cuenta de que algo muy grave estaba sucediendo.

7

—¿Qué pasa? ¿Dónde estoy? —Zoe tenía una migraña de dimensiones clínicas—. Me duele la espalda; no puedo ver.

Por un momento pensó que estaba ciega. Estiró su mano y palpó alrededor. Junto a ella había un cuerpo inerte. A su derecha, la pared. Enfrente, una puerta áspera y astillosa con un agujero en vez de chapa. Abrió mucho los ojos y trató de distinguir las formas. Percibió sombras de un escenario grotesco, incomprensible. No estaba ciega. Se encontraba encerrada en una especie de closet.

Vinieron a su mente las últimas escenas antes de perder el conocimiento. Tres sujetos con el rostro cubierto por medias de lycra habían irrumpido en la casa. Se abalanzaron sobre ellas y las sometieron. Todo fue muy rápido.

Empujó a la persona a su lado.

—¿Quién eres?

—Mmh —sintió que el cuerpo junto a ella se movía, pero no con movimiento propio, sino como si alguien más lo hubiera acomodado.

—¡Despierta!

—Mmh; ¿qué pasa?

Zoe reconoció la fonación rasposa de Mireya. Le dijo:

—Creo que nos drogaron con cloroformo o algo parecido...

—¿Cómo? ¿Quiénes?

—¡Los tipos que entraron a la casa!

—Sí... ya... me acuerdo... Cuando abriste la puerta te empujaron con fuerza. ¿Estás bien?

—Solo me estalla la cabeza.

—¿Y Ana?

—Creo que está junto a mí. Parece desmayada.

—¿Respira?

—Se mueve un poco... ¿Ana? Somos nosotras. Despierta...

—¿Qué... qué pa... pasa?

—Nos encerraron.

—¿Ya? ¿Al fin? ¿Estoy muerta? —la lengua se le pegaba al paladar—. Qué bien.

—Ana, estamos vivas. Alguien nos encerró.

Mireya trató de analizar. Miró su reloj fluorescente.

—Son las tres de la mañana. Hemos estado inconscientes desde las doce. Parece la bodega de un taller mecánico. Hay grasa en el piso. Huele a gasolina.

—Está muy oscuro. Hace demasiado calor —dijo Zoe—. Nos cargaron hasta aquí.

—¿Quiénes? —preguntó Mireya.

—Los hombres que entraron a la casa.

Afuera del closet se escuchó el siseo de dos objetos friccionando, como si alguien estuviera arrastrándose en el cuarto contiguo.

—¿Pilar? ¿Eres tú?

Nadie respondió.

Las tres mujeres comenzaron a pedir auxilio; preguntaron a grandes voces si había alguien ahí; gritaron que las dejaran salir. Pero nadie contestó; después de varios minutos, guardaron silencio y aguzaron sus oídos.

—Tal vez van a exigir un rescate por Zoe. Es la única de las tres que tiene dinero.

—Mi marido es el que tiene, y él no pagaría un rescate por mí.

—Está sucediendo —la voz de Ana se escuchaba entrecortada—. Déjense llevar; así todo será más fácil.

—Afuera hay alguien. En cualquier momento nos van a sacar...

—¿Y eso será bueno o malo? —Preguntó Mireya—, ¿para empezar, por qué nos metieron aquí?

Zoe se dio cuenta de que el nivel de oscuridad percibido por sus neuronas era idéntico cuando abría o cerraba los párpados. Así que los cerró. Y trató de respirar despacio. Sintió que giraba y giraba. ¿Qué le habían dado? Su mente no podía procesar pensamientos claros, pero sí generaba sinapsis completas hacia los recuerdos de corto plazo.

Trató de atar cabos. Vio con nitidez el reportaje para el día de las madres que hizo Pilar.

El video mostraba a mujeres ejecutivas, trabajadoras, amas de casa, líderes y estudiantes, pero todas ellas *casadas* o *madres de familia*. Criticaba abiertamente la misoginia y el machismo; hacía entrever que se trataba de un problema común, diseminado en todas las clases sociales.

El reportaje de Pilar contenía imágenes reales, levantadas en vivo y aunque la voz del locutor sonaba afable, casi cándida, el guión era agresivo.

8

En Latinoamérica los indígenas sacrificaban a sus mujeres y niñas para los dioses; los españoles usaron a las mujeres indígenas como objeto sexual y los hijos mestizos se avergonzaban de sus madres. Hoy en día, las cosas no han cambiado mucho. Todavía prevalece un machismo ancestral. Los hombres latinos suelen convertirse en jefes a base de gritos, fuerza física, control económico y humillaciones. Casi nunca ayudan a sus esposas en la casa, porque si lo hacen, serían mandilones y eso es un insulto a su hombría... Por si fuera poco, muchos maridos son infieles y alcohólicos. A veces la situación llega a tal extremo que la esposa pone un alto y se separa; entonces los hijos la juzgan y la critican, ya sea porque no entienden cómo aguantó tanto, o porque no entienden cómo no aguantó un poco más... El caso es que, cuando el hombre humilla a la mujer, los testigos muchas veces acaban despreciándola, o pensando que es una tonta.

¿Pero por qué sigue sucediendo esto en pleno siglo veintiuno? Porque no importando la época y el lugar, la mayoría de las mamás soportarán casi cualquier cosa por sacar adelante a su familia. Ellas lucharán por construir el mejor hogar posible con los recursos que tienen.

Vean esta escena: Es domingo, van en el auto de paseo. El papá maneja; a un lado la mamá, y en el asiento de atrás, los hijos. Por alguna tontería, el papá se molesta y estalla en maldiciones, insultando a su esposa. Todos guardan silencio y la mujer entonces tiene dos opciones. La primera, defenderse y discutir. Si lo hace, seguramente el hombre gritará y la insultará más fuerte, y como va al volante, comenzará a manejar violentamente poniendo en peligro a la familia (si choca le echará la culpa a su esposa porque lo sacó de quicio, pero como seguramente no chocará, solo asustará a todos), quizá se hará el indignado y decidirá regresar a casa cancelando el paseo. La segunda opción para la mujer, es callarse, pasar como una tonta, sin dignidad ni valor y llorar en silencio para no alterar la convivencia, y los hijos crean que su nidito de amor no se está destruyendo... Y después, si el papá, impulsivo, maltrata al hijo y lo deja temblando, ella irá con el pequeño y le dirá que trate de comprender a su papá e incluso que le pida perdón. Todo en pro de la santa paz.

¡Cuántas cosas no hace una madre para proteger el corazón de sus hijos! ¡Cuántos sacrificios silenciosos para que ellos crezcan con las menos heridas posibles!

Aunque el amor es un regalo y debería existir a pesar de nuestros errores, muchas mamás luchan por ganarse el amor de la familia trabajando y manteniéndose hermosas. Si el papá es gordito, peludo, calvo o panzón, la mujer lo debe querer tal cual es. Pero ¡ay de ella si se descuida! No importa que entre a la menopausia. Tiene que estar en forma, atlética, delgada, sin arrugas y de buen humor. Ah, y de preferencia que no hable de dietas, porque ya cansó a todos. (Eso sí, si van a un restaurante, que se coma su ensalada pues ya ni le queda la ropa). Así, la mayoría de las mamás viven con culpa por lo que comen y tragando veinte mil pastillas para que no se les note el desgaste de la vida.

Por otro lado, la mayoría de las mujeres trabajan también en oficinas o venden productos para ayudar a las finanzas, pero eso no la exime de sus obligaciones domésticas: ¡que no falte comida, ropa limpia y calor de hogar!

También se les recomienda que estudien o tomen cursos. Porque la mujer que no se supera, huele a cebolla y ajo. Ah, pero si estudia, está descuidando la casa y todo lo que hace son tonterías. (¿Para qué vas a esos cursos si no ganarás dinero? Mejor yo te lo pago, pero quiero que estés encerrada aquí; ¿ah no? ¡Pues entonces no te quejes de que me busque otra!).

En el día del padre, al hombre se le suele hacer su comida favorita, si quiere sentarse a ver el futbol o a jugar con sus amigos, todos deben dejarlo en paz (es el día del padre). Pero el día de la madre (ya sabes mamá, el año pasado fuimos a un restaurante e hicimos una hora de cola; mejor nos reunimos en tu casa y te ayudamos), las mamás acaban organizando la comida y atendiendo igual o peor que siempre, porque a la hora de la verdad nadie ayuda, ellas son festejadas, pero también anfitrionas.

Como las madres saben eso, por lo menos organizan un desayuno o reunión, se compran sus propios regalos y se los dan entre ellas. Claro, no les dicen a sus maridos cuánto gastaron porque recibirían el reproche de que son despilfarradoras y se dejan lavar el cerebro por los comerciantes que inventan estos días festivos. A la mayoría de los hombres e hijos se les olvidará comprarles algo y tratarán de lavar su culpa con un ramo de flores de la esquina.

Es cierto que lo anterior no sucede siempre ni en todos los casos; sin embargo, este reportaje intenta sensibilizar a quienes teniendo cerca a grandes mujeres, tal vez han pasado por alto elogiarlas y darles las gracias de corazón por cuan sensibles, comprometidas, responsables, honestas y trabajadoras han sido durante años.

Y a ti mujer, que te mantienes entusiasta, luchando con la cara en alto en la adversidad, en nombre de tus seres queridos, te enviamos el cariño de un abrazo y nuestras mayores felicitaciones por ser quien eres.

9

Se quedaron asombradas cuando el video terminó.

—¿Qué les parece? —preguntó Pilar.

Zoe, la única casada y con hijos, opinó:

—Parece convencional, pero no lo es... como bien dices, causará polémicas.

Ana hizo un comentario cáustico.

—Por eso yo nunca me casé.

—Bueno —Pilar promulgó por equilibrio—, el reportaje habla de una realidad muy difundida, pero no absoluta ni general. Hay muchísimos hombres buenos que protegen a sus familias, enaltecen y cuidan a sus esposas.

—¿Como Roberto?

—Sí. Soy muy afortunada.

—Y tú Roberto, ¿crees todo lo que el video dice?

El hombre asintió.

—Yo escribí el guión.

—Entonces tú eres el que escribes —dijo Mireya—, quiero decir, en el equipo de Pilar, tú elaboras contenidos.

—Por eso es importante que hoy esté con ustedes.

—Ahora entiendo.

—De hecho tengo un libro que ha sido bien aceptado. Les trajimos una copia. Es modesto. Contiene definiciones y pautas para entender por qué suceden ciertas cosas.

Pilar sacó el ejemplar. De escasas cien páginas, empastado con cartoné y forro de papel plastificado. Ellas se lo pasaron de mano en mano. Lo hojearon y luego lo dejaron sobre la mesa. Se pusieron tensas al darse cuenta que en la misma plataforma central estaban las nueces rancias, las cartas de suicidio, los tres frascos de veneno, y el libro de Roberto.

—Voy a comenzar a instalar el equipo de video —dijo Roberto—. ¿Me dejan revisar las posibles locaciones?

—Claro —respondió Mireya que sin ser dueña del inmueble lo ofreció—. Estás en tu casa.

La periodista fue detrás de su marido e intercambió con él opiniones respecto al escenario. Zoe aprovechó para tomar los frascos y esconderlos bajo las almohadas del sillón individual. Luego puso la charola de nueces sobre el platón de misivas póstumas.

Pilar y Roberto eligieron el rincón del vestíbulo donde había una estatuilla de Don Quijote.

—Este sitio es perfecto. ¿Podemos mover la escultura?

—Sí —contestó Zoe, pero no hizo el menor intento de ayudarles.

Roberto puso manos a la obra. Acomodó la estatua en otro lugar. Colocó el tripié de la cámara apuntando hacia una pared blanca. Puso pantallas con luz indirecta. Todas lo observaron trabajar.

Pilar se reunió con las tres mujeres e hizo una especie de junta como la que organizan los líderes deportivos antes del partido más importante.

—Hoy será una gran noche, amigas. Por favor denme sus celulares, apáguenlos. Pónganlos aquí, en el librero; ahora. Y voy a pedirles otro favor. Cuando hablen, no oculten nada. Exprésense desde lo más profundo de su ser. No traten de quedar bien o verse bien. Sean sinceras y transparentes. Ustedes tienen mucho que decir. Lo que va a ocurrir aquí le dará la vuelta al mundo —Zoe se veía disminuida. Mireya incrédula. Ana aterrada—. ¿Quién quiere comenzar?

Ninguna se ofreció.

10

—Esto es insoportable. Hace calor. No puedo respirar. ¡Me está dando claustrofobia! —Mireya parecía que iba a perder el control.

—Trata de no pensar —dijo Zoe—. Haz una pausa en tu mente.

—Deja de darme terapia, carajo. ¡Busca una salida!

Zoe estaba frente a la puerta. La golpeó con los puños. La madera era débil y quebradiza, pero ella no tenía fuerzas suficientes para romperla. Bajó la mano y exploró el agujero en el que debía estar la chapa. Metió los dedos para tocar el mecanismo del pestillo. Había una uña de metal floja. Aprisionó con las yemas jalando hacia afuera. La muesca hizo el intento de salirse y fue devuelta a su sitio por un resorte. ¡Ella ya había abierto esa chapa rota antes! La conocía. Solo debía concentrarse un poco. Un resuello de esperanza la hizo emitir un *¡sí!* ahogado, al momento en que consiguió destrabar el pestillo.

Salieron del armario a tientas.

El exterior parecía ser un cuarto más grande; también en total oscuridad.

—¿Qué es este lugar?

Zoe caminó con cautela y tocó las paredes. Reconoció el estante. Había cajas de papeles, adornos de Navidad, aparatos eléctricos descompuestos, maletas viejas.

Luego se giró despacio hacia el centro del recinto y tropezó con una superficie dura, metálica. La palpó con cautela y sintió los vidrios de un auto hecho añicos, usó las piernas y pies para continuar con el reconocimiento táctil; ahí estaban; las llantas rotas, el eje salido de su sitio, la lámina doblada.

Su esposo había olvidado pagar la póliza del seguro, por eso no hubo ninguna compañía que respondiera por el vehículo que fue declarado pérdida total. Zoe consiguió a duras penas que lo llevaran allí.

—Yo sé dónde estamos. Nos encerraron en el garaje de mi casa.

11

Zoe sacó su camarita portátil, le colocó una memoria nueva, la conectó al cable de corriente, la acomodó en el librero junto al tripié de Roberto y la encendió. Quería respaldar la grabación.

Se puso al frente. Pilar la maquilló un poco.

—Necesitamos disimular este moretón. Tienes la piel muy blanca.

Roberto encendió las luces y la cámara profesional. Había una sombra que no le gustó. Reacomodó las lámparas, modificó el enfoque y cambió la altura de los tripiés. Tardó más de treinta minutos antes de estar satisfecho con el encuadre.

—Listos. Cuando quieras, Zoe puedes comenzar.

Le costó mucho trabajo. Al inicio titubeó, pero después optó por cerrar los ojos y articular muy despacio; solo así desarrolló sus ideas. Ella misma se asombró de la fluidez que fue adquiriendo. Expuso al aire las heridas de su alma. Cuando terminó, sus oyentes guardaron un respetuoso silencio. Luego hicieron un receso y hablaron de los objetivos de esa historia. El reportaje necesariamente tendría que apuntar hacia el maltrato emocional, una epidemia familiar, según aclaró Pilar, más común de lo que muchos creen. Roberto se unió a la charla dejando el papel de camarógrafo para tomar el de terapeuta. Abrió su libro y leyó ciertas definiciones que usaría en la edición del video.

Ana, conmovida, declaró:

—Acabo de darme cuenta, que hacer esto vale la pena. ¡Yo sigo! —parecía inspirada—. ¿Está bien por ti, Mireya?

Pero Mireya se encontraba ajena a la conversación. Encorvada sobre el sillón individual; se mecía para tratar de atenuar un dolor de estómago que no cedía.

—¿Qué te sucede? —Preguntó Pilar.

—Tengo un cólico horrible—gimió—. Espero que pase pronto.

Zoe y Ana cruzaron miradas de preocupación. Las tres se habían puesto de acuerdo en que, después de las grabaciones, y una vez que sus invitados se hubieran ido, tragarían los frascos de anestésico veterinario (ahora escondidos justo debajo del cojín donde estaba Mireya).

Zoe se aventuró a preguntarle:

—No te adelantaste ¿verdad?

—Claro que no.

La periodista giró la cabeza con mirada de lince.

—¿Adelantarse a qué?

—A nada... —dijo Mireya—, solo es un cólico menstrual. Me pondré bien.

—¿Segura?

—Por supuesto. Sigan grabando, por favor. Ahora las alcanzo.

Ana pasó a escena. La dolencia de Mireya le había recordado lo que sucedería después. Ya no estaba tan inspirada. Frente a las luces perdió buena parte de su valor impulsivo. Tembló; dijo frases fluctuantes; sus pensamientos oscilaron de un lado a otro. Roberto detuvo la grabación y le pidió que se concentrara.

—Procura tranquilizarte.

—Tengo miedo. Me falta el aire.

—Eso es natural. La ansiedad cierra las vías respiratorias y nos hace hiperventilar. Por eso cuando estamos nerviosos, nuestro primer y más importante recurso es concentrarnos en la respiración. Mientras respires, estarás bien. Hazlo despacio.

Ana se alisó la larga cabellera rubia; comenzó de nuevo y al fin desarrolló su historia. Concreta, clara, desgarradora. Cuando terminó, Roberto apagó la cámara y se quedó muy serio. Pilar la abrazó.

—Eres una gran mujer, Ana.

También comentaron las directrices del reportaje para Ana. Roberto tomó otra vez la batuta en cuanto al contenido del mensaje. Ana lloraba, sin limpiarse el rostro y asentía, como una niña sumisa dispuesta a obedecer. La clase de abuso que ella sufrió solía causarle reacciones atroces; pero ahora se sentía más bien desbaratada.

Voltearon a ver a Mireya. Seguía doblada de dolor.

—Es tu turno.

—No voy a poder. Me siento muy mal.

—¿Quieres que lo hagamos mañana?

—Sí...

—Nos llevaremos la cámara para revisar los archivos —dijo Roberto—; dejaremos las lámparas instaladas. Vendremos a la misma hora para grabar ¿de acuerdo, Mireya?

—De acuerdo.

—Si continúas con dolor, ve al médico.

—Claro. Gracias.

Los periodistas se despidieron y salieron.

Iban a dar las doce de la noche.

En la casa quedaron las tres mujeres angustiadas, confundidas. El ejercicio de hablar frente a la cámara, había hecho que Zoe y Ana percibieran la paz secreta del desahogo. Esa presión que las estuvo oprimiendo se había convertido en una congoja difícil de controlar. Ambas tenían ganas de encerrarse y llorar hasta que no les quedaran lágrimas. Por su parte, Mireya sufría una manifestación psicosomática contraria. Toda la rabia se le había acumulado en el bajo vientre.

Zoe desconectó la camarita portátil con la que hizo el respaldo. La guardó en la bolsa de sus pantalones holgados.

—Lo que queríamos hacer —opinó titubeante—, vamos a tener que posponerlo.

—No —Mireya se puso de pie mostrando los frascos de droga que acababa de extraer del escondite—. Hagámoslo de una vez.

—¡Pero no has grabado tu testimonio!

—Lo tengo escrito —sacó del bolsillo frontal de su blusa tres cuartillas dobladas—. Aquí está. No necesito grabarlo. Lo dejaré sobre la mesa también. Pilar lo encontrará y sabrá difundirlo.

—Pero dijiste que...

—Amigas. Yo no podré esperar hasta mañana. Ni ustedes tampoco. Si no lo hacemos ahorita, nos arrepentiremos, lo cual pudiera parecer bueno, pero no lo es, porque seguiremos dando tumbos por la vida (ya estamos muertas en gran medida); y después de varios meses o años, ¡de todas formas acabaremos en el hoyo!, hoy tenemos la oportunidad de pasar a la historia si seguimos el plan.

Ana comenzó a jadear de nuevo como un animal herido. Siguiendo la recomendación de Roberto, cerró los ojos y trató de inspirar profundo.

—Es cierto —dijo después—. Pero tengo mucho miedo. Ya les dije que yo no podría quitarme la vida por mí misma.

En ese momento alguien tocó el timbre y golpeó la puerta de forma anormal. *¡Ring! ¡Toc! ¡Ring! ¡Toc! ¡Toc! ¡Toc! ¡Ring! ¡Ring!*

La persona afuera de la casa parecía desesperada por entrar. Oprimía el botón y aporreaba con los nudillos. Quería que le abrieran rápido, como si necesitara esconderse de alguna amenaza mortal.

—Son Pilar y Roberto; —gritó Mireya—. De seguro los están persiguiendo. ¡Ábranles, pronto!

—No —dijo Ana—, mejor no abran. Vamos a pensarlo de nuevo. Esperen.

Zoe corrió al recibidor. Esta vez no vio, como siempre lo hacía, por la mirilla. Apenas giró el picaporte, la puerta fue empujada con mucha fuerza.

Cayó hacia atrás.

12

—¿Cuántos hombres eran?

—Tres. Tal vez cuatro. Me empujaron muy fuerte.

—Qué calor hace aquí. Además huele a gasolina. Y está muy oscuro.

—En este lugar no hay ventanas —se hallaban en una concavidad de roca—. Es el garaje secundario, separado de la construcción.

—¿En tu casa hay dos cocheras? —preguntó Mireya.

—Sí.

Zoe no quiso dar más explicaciones. Lo cierto era que Yuan había reservado el garaje principal para su uso exclusivo (el que era amplio, con ventanas, puerta peatonal y acceso a la cocina de la casa), donde guardaba su Mercedes Benz de diez cilindros; y construyó un garaje aislado sobre la roca del lindero para el auto compacto de Zoe; la cochera de ella era literalmente una cueva en el monte, de cinco por tres metros.

Ana conocía el sitio. Había vivido en esa casa como huésped.

—Zoe estaciona aquí su coche. O lo que queda de él. A veces está lloviendo y tiene que atravesar todo el patio central de la casa cargando las bolsas de compras. Eso a Yuan no le importa. Amiga ¿dónde estás? No veo nada.

—Trato de encontrar el apagador —Zoe llegó al apagador y lo accionó; las luces no encendieron—. Carajo. Bajaron las pastillas. El centro de carga está afuera.

—Por eso nos metieron al closet —dijo Ana—. Para que les diera tiempo de desconectar la luz.

—Bueno —dijo Mireya—. Sin ser gays, ya salimos del closet —nadie se rio del chiste—, ahora salgamos de esta maldita cueva.

—Vamos a la puerta. Es levadiza.

Zoe siguió avanzando a tientas hasta llegar a la cortina metálica. Ana y Mireya se prendieron a su ropa y la siguieron.

—Es aquí. Hay que cargarla. Pesa un poco. Aunque hubiera energía eléctrica, no tiene motor. Es manual.

—Parece atorada.

—La cerraron. Los pasadores exteriores están puestos.

—¡Pero debe poder abrirse! —exigió Mireya—. Algún truco habrá. Siempre hay. Es tu cochera. La conoces.

—Sí. La conozco. Por desgracia. No hay manera de salir a menos que alguien nos abra desde afuera.

—Por lo pronto necesitamos luz —dijo Ana—, si mal no recuerdo, Zoe, tú tienes anaqueles con muchas cosas. Todo lo que no usas.

—Soy muy desordenada.

—¿Ninguna trae teléfono?

—Los dejamos en el librero.

—Yo tengo mi cámara portátil.

Zoe la encendió. Una tenue luz azul iluminó el lugar.

Usaron la pantalla de la camarita como linterna. En efecto, los anaqueles de la cochera estaban llenos de cajas con fotos viejas, libretas usadas, trabajos escolares antiguos, bisutería...

—Esto es un caos, Zoe —dijo Mireya—. Dicen que el orden de nuestras pertenencias refleja el orden de nuestras ideas.

—Pues los que dicen eso se quedan cortos. Si pudieras entrar a mi mente verías que está muchísimo peor que este garaje.

—¿Ya se dieron cuenta? Hay un charco de combustible. Tu auto chocado ha estado derramando todo lo que tenía dentro.

En una orilla seca vaciaron al suelo los contenedores en busca de algo que pudiera servirles para salir, o por lo menos para iluminar el lugar. No había nada. Solo papeles, telas y objetos inútiles. Ana volteó un bote con llaveros oxidados.

—Aquí hay un encendedor. Funciona.

Tomó hojas sueltas y acercó la flamita. El cuarto se iluminó por la fogata improvisada. Zoe apagó su cámara de video. Se aseguraron de poner los papeles ardientes lejos del líquido que el auto había derramado. Alimentaron la pequeña fogata con más hojas. Permanecieron de pie sin hablar; escuchando el crepitar del fuego acompasado por los resuellos perentorios de sus propias inhalaciones.

—¿Por qué estamos aquí? —Preguntó Zoe.

—De seguro los asaltantes de la casa estaban buscando a Pilar —adivinó Mireya—. Ella nos advirtió que su presencia nos ponía en peligro porque había gente que quería hacerle daño.

La teoría sonaba razonable. Sin embargo, algo desencajaba. ¿Por qué si los atracadores buscaban a Pilar, se tomaron la molestia de amagarlas y arrastrarlas hasta el garaje secundario? ¡Cualquier vecino pudo verlos! ¿Por qué las metieron al closet, quitaron la luz y las encerraron por fuera?

La hipótesis más lógica seguía apuntando hacia un secuestro.

Ana comenzó a toser. El humo de la fogata no tenía salida. Había llenado el cuartito de escasos quince metros cuadrados y uno ochenta de altura. Mireya empezó a toser también. Luego Zoe. Vieron la nube de humo negro rondándolas.

—Apaga esto —gritó Mireya—. O vamos a acabar muertas por intoxicación.

Zoe y Ana tuvieron una idea lóbrega al mismo tiempo. Fue Ana la que se atrevió a expresar:

—Mejor no lo apaguemos...

—¿Cómo?

—Mireya tú tienes la droga. ¿Verdad?

—Sí.

—Tomémosla ahora y acostémonos en el suelo... Alguien nos facilitó las cosas.

—Es la "tesis del arrojo". Ana —comentó Zoe—. El empujoncito que querías.

—No. Esperen —refutó Mireya—. Esto está mal. Muy mal. Si una persona se quita la vida, lo hace ejerciendo su propia libertad. ¡Aquí hay coacción! Se parece más a un asesinato colectivo.

Mireya apagó los papeles usando una tabla.

El cuarto quedó en total oscuridad de nuevo, pero ahora ya no olía solo a moho y combustible disperso. Olía a humareda. A monóxido de carbono. A escasez de oxígeno y espacio enrarecido.

—Metamos todos estos papeles y telas debajo del auto; prendámosle fuego de una vez —dijo Zoe—, y este sitio se incendiará en unos minutos con nosotros dentro.

—Eso sí sería horrible —dijo Mireya—. Imagínense, morir chamuscadas.

—Qué más da.

El encierro, el calor, la falta de aire y la oscuridad inerte, despertaron en las tres amigas una conciencia de cuan absurda era su posición. Viendo la muerte de cerca no podían rendirse a ella. Al borde del precipicio no querían tomarse de la mano para arrojarse al vacío.

—Anoche —dijo Ana—, cuando hablábamos de nuestro pasado, sucedió algo... no sé... como que me sentí más ligera.

—Sí... —confirmó Zoe—, yo también.

Se quedaron pensando.

¿Todavía querían morir? Tal vez... aunque algo había cambiado. Elementos indefinibles las estaban haciendo dudar. Mireya tuvo un nuevo acceso de tos. Se quitó la blusa y la usó como mascarilla. Luego preguntó a Zoe:

—¿Tú filmaste en tu camarita portátil nuestros testimonios?

—La puse ahí. No sé si se grabó algo. Es curioso que Pilar nos haya pedido que habláramos en tiempo presente. Según ella para darle un ritmo periodístico al reportaje.

—Enciéndele la cámara.

La pantallita azul se iluminó atenuando de nuevo la negrura del lugar.

13

Me llamo Zoe.

En casa somos cinco hermanos. Yo la de en medio. Enclenque, enfermiza, larguirucha. Sin belleza física prominente. Me gusta cantar y pintar, aunque mis hermanos me dicen desafinada y mis padres me rechazan porque disfruto la música vulgar.

A los quince años consigo un novio extravagante. Un "engendro de los infiernos". Así le dice mi madre a Paul. A mí me gustan sus tatuajes, aretes, arracadas y cadenas colgando de los jeans rotos. Papá me condena para la perpetuidad, pero no hace el menor intento de escuchar mis razones o charlar conmigo.

En la casa yo soy el activo menos valioso. Así que me enfoco en el amor de Paul. Entonces mi novio comienza a hacerme reproches de forma progresiva. Cada vez más y más. Aprendo a bajar la cabeza para aceptar mi ineptitud. No me doy cuenta de la forma en que Paul me manipula. Para mí, su trato es normal. Me dice "ilusa", "fresa", "nerd", "pituca", "apretada". Y yo trato de congraciarme y pedirle perdón. Paul se burla de mis canciones y dejo de cantar. Se ríe de mis dibujos y dejo de pintar. Pierdo la poca seguridad que me queda, porque Paul se vuelve mi peor crítico. Para tratar de agradarle me perforo la nariz y el labio. El piercing se mi infecta y voy a parar al hospital. Un día lo veo besando a otra. Le reclamo y él se defiende diciendo: "Yo soy hombre, tengo curiosidad de conocer a más mujeres". Entonces lloro a todo pulmón. Le suplico que no me desprecie y trato de darle argumentos válidos. Paul se tapa los oídos y camina. Lo sigo. Sube al autobús y corro por la calle detrás del camión.

Así termina mi primer y único noviazgo. La humillación se queda impregnada en mis células. Paso muchas noches de insomnio pensando en por qué Paul se hartó de mí. Llego a la conclusión de que no fui lo suficientemente dócil con él. A nadie le gustan las mujeres rebeldes. Se lo he oído decir cien veces a mi madre...

No me doy cuenta de que si aprendemos ideas perjudiciales a temprana edad, nos irá mal cuando seamos adultos. Los disparates en la mente se enquistan, se potencian y se agrandan. Otra idea equivocada de mi juventud fue esta: Hay que conseguirse un hombre rico. Así, al menos podremos viajar, manejar un buen auto o comer bien.

Cuatro años después lo consigo. Mi amiga Mireya me lo presenta. Se llama Yuan. Es empresario de gran prestigio; amigable, tímido, limpio, bien vestido. Mireya asegura que me conviene. Tiene dinero. Ella lo conoce desde años atrás.

Para sorpresa de todos, Yuan me pide matrimonio. Aunque yo tengo apenas diecinueve años de edad y él ya raya los treinta, nos casamos. Tal vez (siendo yo una persona invisible), Yuan logra verme; distingue en mí algo digno de admirar. Pero solo por poco tiempo. A los dos años, deja no solo de admirarme sino de mirarme. Me vuelvo invisible de nuevo. Y de nuevo, el hombre de mi vida se da media vuelta y me deja hablando sola. La primera vez lo hace porque hay una gotera en la cocina y yo le recuerdo que él prometió arreglarla. Le digo que debe cumplir su palabra. Entonces se pone de pie y camina.

"Esto no me va a pasar otra vez". Le exijo que no me deje hablando con las paredes; él continúa caminando sin voltear; sube a su auto y se va. Regresa después de dos horas

y se encierra en su estudio. Toco la puerta, le ofrezco de cenar tratando de congraciarme. Es inútil. No responde. Llega a acostarse muy tarde, cuando calcula que ya me dormí. Pone almohadas en medio de nosotros para que no nos toquemos ni por error. Estiro mi pie y le rozo con un dedo por debajo de las sábanas; él se retira. Insisto. Se para de la cama y duerme en el sillón. ¡Todo por una gotera!

A partir de entonces, suele castigarme con su silencio y yo acabo pidiéndole disculpas. Le pregunto "¿me perdonas?" (a veces no sé ni de qué), contesta que sí, pero sigue ignorándome. Entonces le digo, "¿no que ya nos habíamos reconciliado? ¿Por qué me tratas mal?"; él tuerce la boca y dice: "estás loca, mujer, yo no te hago nada; ni te pego, ni me emborracho, ni te grito, ni soy infiel, así que no te quejes".

Se hace un estilo de vida: cuando tenemos problemas y yo quiero aclarar las cosas, él enciende el televisor, le sube el volumen a la radio o se esfuma. No me considera suficientemente lista para discutir con él. Si se digna responderme, lo hace con voz calmada, pero con palabras hirientes. Dice cosas como "tu vocabulario es demasiado elemental, ni siquiera eres profesionista, no entenderías los libros que yo leo; voy a conseguirte revistas de chismes para que te entretengas". Antes de darle cualquier opinión, ya me ha descalificado.

Lo más terrible es que, por largos periodos me niega el contacto físico. Sí, ya sé. Soy una tonta, sin embargo, a mí me hacen falta sus abrazos, el roce de su piel; aunque sea para sentirme viva. Pero Yuan puede pasar meses enteros en abstinencia sexual. No sé cómo le hace. Según entiendo, los hombres no son así... Varias veces hago el experimento de no llegar a la cama y acostarme en la sala para ver si me extraña o me busca, pero es inútil. Al día siguiente ni siquiera comenta que durmió solo.

En una ocasión, cansada de ser tratada como si no existiera, voy al salón de belleza, me hago un peinado extravagante y uso una blusa escotada con falda corta. Espero a mi marido, sentada en la mesa, cruzada de piernas, deteniendo una copa de vino en la mano. Cuando llega, me mira y se echa a reír. Luego hace un gesto de asco y me pregunta si me he vuelto prostituta. Quiero discutir; se escabulle hacia el estudio, da un portazo y se encierra con llave. Lo espero afuera, en el pasillo. Eventualmente sale y le digo, gritando, que lo extraño, que lo necesito, que me hace falta. Le tomo una mano y la pongo sobre mis senos. Él entonces mueve la cabeza negativamente y, como haciéndome un favor, arranca mi ropa a jalones y me empujó al suelo. Lloro mientras balancea su cuerpo sudoroso sobre el mío. En cuanto termina, se viste, dejándome desnuda.

En tantos años de matrimonio nunca se ha ocupado de mi placer. Jamás me ha preguntado si he disfrutado o si él podría hacer algo para que yo disfrutara.

Aunque no lo crean, en ese estire y afloje de orgullos enfermos, tenemos dos hijos... Yo siempre tratando de congraciarme, y él siempre haciéndome gestos reprobatorios. Genio y figura... Su conducta es similar hacia los niños. Un padre experto en hallar errores y hacer sentir inútiles a sus hijos.

Mi matrimonio se deteriora día a día; pero solo en esos terrenos de la intimidad inaccesible para el observador ajeno. Como Yuan es un hombre importante, bien vestido, de prestigio impecable, mantenemos buen semblante social. En las fiestas y reuniones me trata con respeto y a veces hasta me toma de la mano. Llegando a casa le echo en cara su hipocresía y él se retira.

Un día, aparece Ana, mi gran amiga de la infancia. Llega hasta la puerta de mi casa y me pide ayuda. Al principio no la reconozco porque está muy enferma, pero después la abrazo y le doy la bienvenida como huésped, pues no tiene donde dormir. Yuan se enfada; me exige que la corra. No puedo hacerlo. Ana me necesita. Yuan deja de venir a casa por las tardes. Se queda en su oficina a trabajar hasta que es de noche. Todo con tal de no ver a Ana. En pocas semanas Ana se da cuenta del maltrato y vejaciones que sufro, y me aconseja que haga algo. Me recomienda escapar a otro país y llevarme a los niños. También pensamos en demandar a Yuan por maltrato emocional (una figura legal dificilísima de comprobar, pero viable mediante testimonios, testigos y por supuesto un excelente abogado). El impedimento para llevar a cabo cualquier plan es siempre el mismo: la falta de dinero. ¡Yo no tengo un centavo!

Yuan maneja la economía familiar. No me dice cuánto gana, ni cuánto hay en el banco. Él controla tarjetas de crédito y chequeras. A mí me da una pequeña cuota semanal en efectivo. También "somos dueños" de varios inmuebles; terrenos y edificios; pero todos están a nombre de sus hermanas. Como nos casamos por bienes separados, él es el rey absoluto del dinero, y yo, (me lo repite una y otra vez), solo una improductiva despilfarradora, aprovechada e interesada...

Por eso busco trabajo. Y lo consigo. A los pocos meses, mis hijos comienzan a reprobar en la escuela y a tener conductas nocivas. Así que renuncio al empleo y me dedico a vender productos por catálogo. También ahorro lo más que puedo. Ahorro recolectando monedas en alcancías y comprando en el almacén de Rogelio, que es más barato.

Rogelio es dueño de la mejor tienda de abarrotes en la zona. Se da cuenta de la forma en que cuido el presupuesto. Y me ayuda a elegir las mejores combinaciones de productos para mi casa. Rogelio es muy amable. Demasiado. También es guapo.

Poco a poco, sin darme cuenta (eso nadie lo sabe), comienzo a desarrollar un escape mental... una fantasía... Sueño con Rogelio. Me extasío con su recuerdo... Rogelio representa el principio de mi fin. Jamás, antes he pensado en suicidarme... Hasta que conozco a Rogelio.

Rogelio suele aparecer todos los días a las doce treinta... ¡Y yo espero ansiosa que sean las doce treinta! Aunque antes debo zamparme todo el ritual:

6:00 AM arriba, preparo el desayuno de Yuan; saco al perro; recojo el periódico, hago café.

6:30 AM Despierto a Yuan, le llevo el diario. Doy el primer aviso a los chicos.

7:00 AM Segundo aviso. Paso una nueva plancha a la camisa de Yuan, le busco la corbata de rayas azules, porque hoy quiere esa, no la roja.

7:20 AM Grito a mis hijos para que de una vez se levanten. Los mando a la ducha. Recaliento el café que se enfrió. Preparo huevo revuelto porque hoy Lucía no quiere tostadas.

8:30 AM Corro atrás de los chicos, uno olvidó la cartulina, el otro el abrigo. Besos. Besos. Adiós.

8:45 AM Soledad. La casa. La limpieza. Mis vecinas tienen personal de servicio y hasta cocineras. Yo no.

12:00 PM Al fin las doce... me pongo un vestido fresco, casual. Cuando me meto al auto, olvido a Yuan y sus mil cincuenta necesidades, a los niños y sus exigencias. Manejo hacia la zona comercial. Comienzo a mirarme de reojo en el retrovisor. Las manos me sudan un poco. Quiero verme bonita.

No me gustan las tiendas de autoservicio; son frías e impersonales (esa es mi excusa), por eso prefiero el almacén de Rogelio.

Antes de bajar del coche reviso el color de mis mejillas en el espejo. Me pongo un poco de rubor. Procuro verme natural. Carraspeo sin querer. Abro la puerta. Camino por el estacionamiento y lo miro de lejos. Allí esta, Rogelio, fuerte, apuesto, elegante; mandando a sus empleados, pero cargando él mismo las cajas para acomodar la mercancía; poniendo el ejemplo como todo buen emprendedor.

—Hola Zoe, qué hermosa se ve hoy.

—Ay Rogelio, todos los días me dice lo mismo.

—Porque es verdad.

—¿Me puede vender un surtido completo de verduras?, quiero hacer tepanyaki.

—¿Tepanyaki?, ¡cuánto hace que no pruebo uno!, a mi mujer, la comida japonesa no se le da... aquí entre nos, no se le da ninguna; mi madre me lo advirtió, "elige bien a tu esposa, prueba primero su comida". Pero a los hombres nos ganan los ojos y aquí me ve. Trabajando para llevar el sustento a una casa donde no siempre me aprecian. Ni me dan bien de comer.

—O sea que usted piensa que las mujeres solo sirven para la cocina.

Mi voz se vuelve caprichosa y un tanto decepcionada.

—Para nada, pero sí creo que la cocina es una buena forma de halagar a un compañero o compañera, ¿no me negará usted que no disfruta cuando una noche, de sorpresa su marido le prepara un plato especial?

Río.

—¿Mi marido cocinar? ¡Imposible! Eso sería un milagro.

Rogelio tarda en surtir mi pedido, pero cada minuto me toma en cuenta, habla conmigo y me mira a los ojos. Al final se acomide a llevarme las cosas al auto.

—No es necesario —le digo—, puedo pagarle a un muchacho de esos que ayudan.

—Jamás lo permitiría, y yo no sería un caballero si la dejara ir sola con este cargamento.

Entonces va conmigo. Y bromea. Y me trata como a una mujer. Al abrir la cajuela, me agacho y él se levanta para meter las bolsas al coche. Nuestros cuerpos chocan por accidente. Sin querer, roza mi pecho con su antebrazo. Se detiene unos segundos, azorado. Luego sigue acomodando las bolsas. Al final voltea a verme de frente y pone su mano sobre mi brazo. Esta vez no es un accidente. Me ruborizo. No sé qué decir. Él toma la iniciativa.

—¿Puedo hablarte de tú, Zoe?

—Claro, Rogelio. Mañana vengo por más cosas.

—Aquí te espero.

Y mi rutina sigue, pero ya no la siento tan pesada.

4:00 PM. Llegan los chicos. Comida lista y servida. Lucía no viene, salió donde una amiga, no avisó, como siempre. A Luis Ángel no le gusta la cebolla en el tepanyaki, lo olvidé, se queja, "no te importa lo que a mí me gusta"; se va dejando todo tirado.

7:00 PM Noticiero mientras preparo la cena para Yuan. Los mismos crímenes con distintos nombres. Volvió a aumentar la gasolina. Otra vez paro de maestros. El dólar subió. Termina el noticiero y empieza "Amor en custodia". Silencio en toda la casa, y vibro; me emociono y peleo porque ella no besó al guardaespaldas, porque la maldita de la madre sigue haciendo de las suyas. Suspiro y recuerdo a Rogelio, el que siempre me sonríe y me trata como una dama y me regala fresas y me guiña el ojo ante ese secreto que solo nosotros sabemos. Rogelio el de las manos fuertes, el que rozó mis senos sin querer, pero le gustó y a mí también, y luego me pidió que le hablara de tú.

8:30 PM Yuan. Avienta las llaves sobre la mesa. ¿Cómo te fue en el trabajo? Como siempre. Platícame algo... Mmm. Muge como una vaca. "¿Qué cocinaste?, ah, tepanyaki. Esto solo te gusta a ti. ¿Es que no piensas en nadie más?" Comemos en silencio. Se escucha el ruido de sus dientes triturando las verduras. No lo soporto. Pongo música. "Apaga eso. ¿No ves que vengo cansado de trabajar?".

10:00 PM Una mano se desliza. Me giro hacia el lado opuesto. Yuan se acerca. Siento su respiración en la nuca, su dureza en mis muslos. Han pasado dos meses sin que me toque. Pero ahora tiene ganas. Yo no. Pensándolo bien, nunca he tenido. No con él. Imagino que es Rogelio. Un beso. Dos o tres caricias. Se sube a mí. Como un intruso. Sin prepararme, sin importarle que me raspe o incluso me desgarre por falta de lubricación. Se balancea. Una, dos, diez veces. Fin del trámite. Se gira. Se duerme.

La vida continúa. Muchas veces le reclamo a Yuan (cada vez con menos fuerzas) que su abandono lastima a la familia; él contesta que no hace nada para lastimarnos.

—¡Alejas a todos a tu alrededor! —le digo—. ¡Nuestros hijos no te tienen confianza! Incluso mi amiga Ana ya no aguantó la tensión escondida que se respira en esta casa y se fue.

—¡Excelente noticia! Que se largue. Es una zorra.

—¿Por qué dices eso?

—Porque lo es. Lo sé. Lo he comprobado.

—¿De qué hablas?

—No te voy a dar explicaciones.

—Ana es mi amiga. La única persona con la que puedo charlar. Ahora estaré sola de nuevo.

—Pues cómprate un perico y platica con él.

Cumplo cuarenta.

Me miro al espejo. Sigo percibiendo la misma imagen gris, medio sin vida de hace diez años. No, realmente no se notan mis cuarenta o quizás sí, quizá, desde hace mucho reflejo esa edad y por eso hoy no me asombra lo que veo.

Tengo cuarenta años sin disfrutar el amor...

Hoy me doy el lujo de levantarme un poco más tarde, no porque sea mi cumpleaños, sino porque es sábado. Llego a la sala, busco las flores que deberían haberme comprado. ¡Sorpresa!, me digo, nuevamente no hay rosas, ni margaritas, ni siquiera un poquito de helecho cortado del jardín. Me desayuno, me baño, escucho la puerta del cuarto de Luís Ángel. Recién se despierta. Viene, me pregunta si hoy haremos algo especial, digo "no creo", se marcha. Baja Lucía.

—Ay mami, tenía clases de jazz pero me quedé dormida. ¿Qué hiciste de desayunar?

—Nada. Esperaba que mis hijos hicieran el desayuno hoy...

—¿Y por qué habríamos de hacer eso? Bueno, me voy, pasaré por el Starbucks. Besos, besos, nos vemos en la noche.

Se va también. Todos tienen actividades fuera. Me quedo sola; pongo música y me ato una mascada a la cabeza. Comienzo a limpiar la casa. Suena el teléfono. Es Yuan. No va a venir a comer... tiene mucho trabajo. Nadie en mi familia me dijo "feliz cumpleaños". Nadie lo recordó.

Cuarenta años de vida.

Vuelvo a la sala, me siento frente al espejo, veo que tengo arrugas enmarcando los ojos, pero no alrededor de mi boca, será porque casi no sonrío, será porque hablo muy poco o porque no he besado lo suficiente.

Suena el timbre. Atiendo. Es un mensajero trayendo flores. Enorme arreglo de rosas rojas. ¿Será que todos en la casa han disimulado para darme esta sorpresa? ¿Será que mis dos hijos y mi esposo aparecerán detrás del mensajero festejando conmigo e invitándome a salir?

*Recibo las rosas, le doy propina al joven. Busco la tarjeta. Debería desilusionarme, pero en cambio salto de alegría "*ALMACÉN DE ABARROTES EXCELENCIA *le desea feliz cumpleaños". Sonrío. Abrazo la tarjeta contra mi pecho. Huelo las* *rosas, las rosas que debieron estar cada año en esta fecha, pero solo hoy que cumplo cuarenta. ¿Qué hago?, ¿debo llamar a Rogelio y agradecerle? ¿Cómo lo supo?*

Abro el refrigerador, veo que hace falta lechuga y decido dejar el agradecimiento para mi cita diaria de las 12:30. Aunque es sábado y a veces los sábados él no va a la tienda, hoy no es un sábado cualquiera. Es mi cumpleaños y me mandó flores. Y sabe que yo suelo ir de compras a las doce y media. Miro el reloj, apenas son las diez. Hay una eternidad separándome de la hora indicada. Decido hacer limpieza. Sí, limpieza general. Mover muebles, despolvar rincones, preparar el té. Pongo música de los ochenta y comienzo. Canto y limpio. Canto y sueño. Cada tanto me detengo, echo una mirada a las rosas y sigo, sigo haciendo esfuerzos por desterrar el polvo en cada espacio de lo que llamo hogar.

Las 11:30, aún falta una hora. Me baño con ese jabón francés que tenía reservado desde hace años para alguna fecha especial. Voy al closet, saco mis dos vestidos frescos y los pongo sobre la cama. Solo tengo dos. El verde y el azul. Hace mucho que no me compro ropa. ¿Con qué dinero? Elijo el azul. Luego me pongo perfume; el que huele a alborada oriental. Eso me dijo la vendedora. A mí me parece que huele a perfume, nada más. Pero es el mejor que tengo. Y Rogelio merece lo mejor. Hoy pienso darle un abrazo para agradecerle las rosas. Tal vez se acerque a mi cuello y reconozca la alborada oriental. Quién sabe.

Conduzco alegre; enderezo mi postura, sonrío a los transeúntes. Es bueno sonreír. Noto que los jardines del barrio están floreciendo, que han renacido los jazmines. Pienso bajar del coche y cortar algunos. Amo los jazmines. Al fin llego al súper. Camino por el estacionamiento. Encuentro a Chela. La vecina de mi mamá.

—Buenos días Chelita.

—Buenos días Zoe ¿supiste la última? Fátima volvió con su marido, según me enteré, ese tal Tomás no se quiso hacer cargo de ella, la usó y la dejó, y tú sabes, una mujer sola, con dos hijos y sin trabajo, no le quedó más remedio que regresar; por suerte el marido la aceptó de vuelta, mira que es loca, hay mujeres que hacen cada cosa, mira que a su edad ponerse a buscar el amor, ¿no te parece absurdo?

Asiento. Sigo caminando. Qué casualidad. Ahí está Fátima. Quizá Chela la acaba de ver también y por eso habla de ella. Pobre Fátima. Su esposo es lo opuesto al mío. Gritón, agresivo, explosivo, golpeador. Tal vez por eso quiso huir de él. Tal vez por eso se buscó a un tal Tomás, para que la consolara y la ayudara, pero Tomás no quiso hacerse cargo, la usó y la dejó. Fátima tiene mi edad. Más o menos. Viene cargando sus bolsas de fruta y verduras, saliendo del almacén. Me saluda, me sonríe. Le devuelvo la sonrisa; siento tristeza por ella. Aunque no por mucho tiempo. Hoy cumplo cuarenta y voy a ver a Rogelio.

Él, como siempre, usa su camisa polo estampada con el nombre y logotipo de la empresa que fundó hace años (una simple verdulería) y que ahora se ha convertido en el almacén más importante. Lo miro. Cabellera ondulada, entrecana, ojos verdes, espaldas anchas y manos fuertes (manos que más de una vez han hecho eco a mis fantasías, y esta mañana habrán tocado las rosas que están en la mesa central de mi sala).

Me mira, le sonrío y él también.

—Zoe, hermosa, creí que hoy te tomarías vacaciones de compras y cocina. ¡Felicidades!

—Vine a darte las gracias por las flores. Son preciosas. ¿Cómo lo supiste?

—Por mi esposa; ella lleva agendados los teléfonos, direcciones y cumpleaños de todos nuestros clientes importantes.

Ya no sonrío tanto, no fue él, no fueron sus manos las que tocaron las rosas; busco la fruta; pago, y me marcho.

En el auto, me martirizo. Soy una tonta. Cómo se me ocurrió pensar que Rogelio podía interesarse en mí.

No quiero llegar a casa. Mi casa es solitaria; hermosa y fría; elegante y artificial. No me gustan los adornos que hace poco mandó poner Rosalba, la decoradora de Yuan. Así que conduzco donde mi madre. Tal vez ella sí se acuerde que hoy es mi cumpleaños. Llego a visitarla. No se acuerda.

—¿Qué te trae por aquí? —Me recibe incrédula.

—Nada. Solo pasaba.

Hablamos del tiempo, de lo deteriorada que está la colonia, de lo chismosa que es doña Chela y de la pobre de Fátima que se fugó con un tal Tomás y luego tuvo que regresar a su casa porque Tomás (también) la despreció.

De pronto lo dejo caer. Comento que cumplo cuarenta; mi madre sonríe. Me da un abrazo con pinzas, lejano, como si yo tuviera piojos o mal olor (nadie ha percibido mi aroma a alborada oriental) y dice que ojalá no me agarre la crisis de los cuarenta. Y comienza a platicarme de la que ella tuvo cuando cumplió esa edad. La observo mientras habla. Camina de un lado a otro arreglando su cocina. Desde la muerte de mi padre, ha cambiado. Al inicio solo vestía de negro. No lloraba, ni siquiera lloró en el entierro. Ahora usa falda corta floreada, pegada al cuerpo, y blusa escotada. Un atuendo ridículo para su edad. No la entiendo, pero no pregunto. Su marido, con quien le faltaron ocho añitos para cumplir las bodas de oro, murió hace menos de doce meses.

—¿Por qué te noto tan diferente, mamá?

—No me digas mamá. Llámame Laura, que mucho esfuerzo hago para mostrarme menos vieja, imagínate si la gente me relaciona con una hija de cuarenta. Empezarán a sacar números y... bueno. Esta es tu nueva madre; fui al psicólogo y estoy llevando su tratamiento, lo primero, es cuidarme. Cuidarme como tú no te cuidas; sería bueno que también hagas algo; mira Zoe, ya no quiero seguir muerta porque tu papá lo esté, la vida sigue y yo no voy a renunciar a todo lo que queda por delante, hay tantas opciones. Yo ya trabajé, me casé a los dieciocho, tuve mis hijos, los crie, los hice hombres y mujeres de bien; todos tienen sus familias, me encargué de mi marido, lo atendí como rey y se murió. Es la hora de Laura. Mi psicólogo tiene razón, todavía soy una mujer y puedo rehacer mi vida, y ya empecé.

—¿O sea que tienes novio?

—A mi edad le decimos "pareja". Y sí. Es mi psicólogo.

—Ah.

Antes de irme, agrega algo que me deja boquiabierta.

—Zoe. Hija. Cuando Yuan te pidió que te casaras con él, me hiciste una confesión. Que no lo amabas. Y yo te dije, despreocúpate; el amor viene con el tiempo. Solo espéralo. Pero me equivoqué. El amor hay que buscarlo ahora. El futuro vale un carajo.

Observo a Laura (así quiere que le digan), y no me atrevo a agradecerle su consejo extemporáneo. ¡Yo compré su dichoso programita de abnegada y lo usé por años, para que ahora venga a decir que no funciona!

Regreso a casa y voy directo al espejo de la sala. Me percibo vieja, como una mujer gastada de oficios y obligaciones. Comienzo a reír. Me río de mí. De esa mujer que jamás se atrevió a vivir. Después lloro. Lloro sin consuelo. Golpeo la mesa y tomo asiento en la sala frente a las flores de Rogelio.

Una hora más tarde aparece mi marido. Luego mis hijos. Todos me preguntan qué hice de cenar. Contesto "nada". Llueven reclamos. Tapo mis oídos. Dicen que estoy loca. Frente al espejo de la sala distingo un brillito que me remite a mi adolescencia, cuando estuve enamorada del amor, y noto en ese brillo que se opaca la horripilante deformación de mi mirada, por haber sepultado las esperanzas, porque según mi madre y mis tías, el amor es lo más importante, y el amor viene con el tiempo. Y la espera del amor fue siempre mi fuente de alimentación.

Observo una vez más las rosas, nadie las ha notado, nadie ha preguntado quién me las regaló. Aunque todavía se ven frescas, están muriendo. Han sido separadas de su fuente. Como yo.

Yuan pasa detrás de mí. Dice que va a salir a cenar con los niños. No pregunta si quiero acompañarlos. Ahí me da la estocada final, una puñalada artera por la espalda. Me dice "feliz cumpleaños".

Entonces sí se acordó. No fue un olvido. Fue un acto de ofensa y menosprecio. ¿Por qué? ¿Por qué me odia tanto? Y por si fuera poco, su desprecio se agiganta. Antes de salir me arroja un sobre blanco, diciendo con tono hostil:

—Que lo disfrutes, idiota.

El sobre cae en el piso. Tardo mucho en levantarlo. Tiene el logotipo de una tienda departamental. Al calce está escrito: "tarjeta de felicitación".

¿Él cree que voy a "disfrutar" una tarjeta comprada en la tienda?

La rompo sin abrirla y la arrojo al bote de basura.

Soledad.

La casa grande, el maldito hogar.

Yo y un espejo.

Renuncié a todo por abrazar esto que hoy me deja vacía. Cumplí con el papel designado. Primer premio a la ama de casa, a la esposa, a la madre, a la hija. ¿Y la mujer? La mujer, bien gracias.

Suena el teléfono.

—Zoe, ¿eres tú?

—¿Quién habla?

—Rogelio. Quería ver cómo terminó tu cumpleaños.

—Bien, muy bien. Salúdame a tu esposa. Dale las gracias por las flores.

—Te mentí esta mañana... Mi esposa no lleva la agenda de mis clientes. Lo dije para alejarte de mí. Para abrir un espacio prudente entre nosotros... Las flores las escogí yo...

—Ah.

—Te invito una copa ¿quieres?

—Yo no tomo.

—Entonces un café.

Me pongo de pie.

—¿En dónde? ¿A qué hora?

—Vi a tu marido y a tus hijos salir. Estoy en la puerta de tu casa.

Rogelio no voltea a verme. Sabe que estoy ahí, en la entrada del almacén, pero ni siquiera me saluda. Se encuentra en la parte más alta de una escalera de tijera, acomodando los estantes.

Uno de sus empleados me pregunta qué deseo. Le contesto:

—Estoy pensando, deme unos minutos —con la esperanza de que en cualquier momento Rogelio se vuelva hacia mí pidiendo disculpas por su distracción y me brinde una mirada sonriente y un guiño de cómplice amoroso. Me quedo en pie, muy cerca.

Esto es increíble, pienso casi en voz alta a sus espaldas.

¿Acaso fui solo un trofeo para ti? ¿Lo ganaste y perdiste interés, como el alpinista que conquista una cumbre y al día siguiente piensa solo en el reto que sigue? Pero ayer me dijiste que me amabas. Muchas veces... ¿Cómo pudiste olvidarlo tan pronto?

La noche nos envolvía; música suave; vino tinto servido en dos copas de cristal. Me convenciste de que lo probara. Estrellas, todas las estrellas estaban sobre nosotros, haciéndose cómplices de nuestro encuentro. No hubo necesidad de hablar mucho.

—Brindemos, por ti, por mí, y porque al fin dejarás de ser la mujer de mis sueños para hacerte realidad en mis brazos.

Y me invitaste a bailar. No dejabas de contemplarme, meciéndote al compás de la música. Y yo sonreía y dejaba escapar una lágrima que tú recogías con los labios. Sentía tu mano en mi cintura, esa mano fuerte y grande con la que tantas veces soñé. Me recorriste el cuello con los labios, leyendo los secretos de mi piel. Besaste mi nuca y bajaste el cierre de mi vestido. Temblé como jamás había temblado en los brazos de alguien. El vestido cayó y quedé en ropa interior frente a tus ojos. Desprendiste uno a uno los botones de tu camisa. Luego me quitaste el resto de la ropa, acompañando las manos con la boca, me refugié en tu pecho poblado, firme y cálido, que tantas veces desnudé a las doce treinta de la tarde.

El empleado regresa y pregunta si ya estoy lista para comprar. Si ya pensé lo que necesito.

—Aún no —contesto—, necesito hablar con tu jefe; Rogelio. Le hice unos encargos especiales.

El joven se gira para llamarlo. No le queda otra opción. Rogelio baja de su escalera y se sacude las manos. Luego camina hacia mí.

—¿En qué puedo servirle?

—¿Por qué me hablas de usted?

—Discúlpeme, señora, así es como le hablo a mis clientes.

—No entiendo.

Veo que una mujer robusta, con porte de autoridad, nos mira de reojo. Adivino.

—¿Es porque está tu esposa aquí?

—Mi esposa está aquí, claro, como siempre; y usted es mi cliente y yo soy su proveedor de alimentos.

—¿De veras?

Entonces es cierto... mi mente quiere gritar, empujar los cajones de verduras, hacer una escena, pero mis ojos se llenan de lágrimas al recordar.

Fue muy hermoso. Y yo creí que era real.

> Me recorriste con tus labios. Descubriste espacios de mí que permanecían castos a la boca de un hombre. Gesticulé como una leona. Te arañé. Te mordí y jugué por primera vez en la plenitud de un cuerpo. Dije "déjame grabar cada instante de este encuentro". Poco a poco aprendimos nuestra propia danza y nos hicimos uno en la música de la piel. Sonreí, porque me estabas dando el mejor regalo de cumpleaños. Descubrirme viva. Y al fin comprendí de qué hablaban mis amigas cuando decían que un buen orgasmo tenía poderes curativos.

—Discúlpeme, señora. ¿Puedo ayudarla en algo? Tengo que volver a los anaqueles.

—Me llamo Zoe. ¿Ya lo olvidaste?

Echas una mirada discreta a tu costado.

—Sí. Ya lo olvidé.

—¿Por qué, Rogelio?

—Es lo que más conviene. No quiero que te suceda lo que a otra mujer que complicó todo y se enamoró... Ella dejó a su esposo... Puso sus esperanzas en mí... Qué tonta.

Entonces veo el rótulo grabado en su camisa polo. T. Rogelio. Gerente.

—¿Qué significa la T?

—Tomás.

—La mujer a quien te refieres es Fátima.

—¿La conoces?

—De lejos.

¡Rogelio es el tal Tomás!

Su esposa se acerca... me pregunta si puede ayudarme porque su marido está muy ocupado. Contesto que no. Me voy.

Subo a mi auto y lloro. Lloro por mi madre. Lloro por Fátima. Lloro por mí.

Nuevamente mi casa, nuevamente el espejo de la sala y esta vez no hay una mujer de cuarenta sino una de ochenta, así me siento. He dejado de vivir solo por cumplir con las reglas. Vuelvo a llorar. Pienso en mi esposo Yuan, no es malo, la gente lo admira, pero no lo amo, no me ama, y sé que tiene otra mujer. Lloro, vuelvo a llorar.

Pasan los días.

La misma rutina. Solo que a las doce treinta me quedo en casa. Ya no voy de compras.

A veces, en la noche, Yuan me llama para decirme que no va a llegar a cenar. Y nuestros hijos mandan un mensaje diciéndome que no van a llegar a dormir; que se quedarán con amigos.

Una noche, ya bastante tarde, Yuan entra a la cama y quiere hacerme el amor; lo rechazo. Por primera vez le digo que me duele la cabeza.

Y siguen pasando los días. Y los meses. Y yo me marchito con las hojas del otoño, me congelo con los tallos del invierno, agonizo con las flores temporales de primavera, y cuando llega el verano salgo al sol, tratando de hallar vida, pero mi alma tiene manchas de un cáncer terminal.

Ahora Yuan suele desaparecer por temporadas completas. Dice que son viajes de negocios. Por supuesto, miente.

Mis hijos irán a un campamento. Yo misma los inscribí.

Me toca llevarlos al aeropuerto. Los despido con nostalgia. En secreto sospecho que quizá nunca los volveré a ver. Después de dejarlos, me encamino hacia mi casa fría... hacia mi casa vacía, artificial, sin vida. Y en una descarga de furia, hundo la cabeza en los hombros. La adrenalina corre por mi cuerpo. Acelero a fondo. Me paso varios altos. Escucho gritos, claxonazos, rechinidos de llantas. Voy a toda velocidad. Veo un muro de piedra y muevo el volante para estrellarme con él.

14

Zoe sollozaba.

Ana le echó un brazo a la espalda y le dijo que se calmara, que la entendía, que estaba con ella. Mireya no opinó. Tomó la cámara y apretó el botón de parar. Cerró la tapa muy despacio para darle a su amiga algo de privacidad. En esos momentos de agobio, todas preferían la oscuridad.

Miró su reloj fluorescente.

—Son casi las seis de la mañana. Cuando amanezca allá afuera ¿creen que la luz del sol entrará por alguna rendija?

—Tal vez.

Mireya trataba de distraer los ánimos.

—¿Y si nadie llega a abrirnos?

—Mmh.

—¿Ya se dieron cuenta? El mundo se va a enterar que fallecimos en este lugar y los videos que ustedes grabaron se harán famosos.

Ana articuló con voz lánguida.

—Todo esto fue tu idea...

—Las tres estuvimos de acuerdo.

—Sí, las tres lo acordamos —medió Zoe—, pero los testimonios que grabamos Ana y yo, ¡parecen tan incompletos! Son solo relatos al desnudo de personas que hemos sufrido, pero ¿cuál es el mensaje para el mundo?

—Pilar y Roberto sabrán generarlo. Ya nos explicaron de qué trataría el reportaje.

Una zozobra densa las aletargaba. O tal vez el aire del pequeño garaje seguía enrareciéndose con la mezcla del humo que no podía escapar y la exhalación de sus propias respiraciones. Zoe se incorporó para acercarse a tientas a la puerta de metal. Era hermética. Pegó su cara en el filo del empalme, entre la cortina y la columna de concreto, esperanzada en que el aire del exterior se filtrara por ahí. Nada. Se quedó con los ojos cerrados anhelando un soplo de oxígeno que no llegaba.

Ana prendió el encendedor y se puso de pie para hacer un ensayo en el que había estado pensando: recopiló tela y la anudó; luego restregó la bola textil en el extenso charco de gasolina y aceite que había debajo del auto chocado para elaborar una pequeña antorcha. La apartó a un lugar seco y tocó la tela anudada con el encendedor. Se hizo la luz.

—Así está mejor. Esto no producirá tanto humo. Qué tal ¿eh?

Mireya volvió a tomar su blusa para taparse la cara.

—De todas formas es una combustión. Nos roba el aire.

—No exageres.

Zoe permaneció con los ojos cerrados, pegada a la cortina. Había echado a volar su mente recordando el diálogo de la noche anterior.

Después de grabar frente a la cámara, hicieron un receso. Fueron a la sala. Roberto tomó un puñado de nueces rancias y se las echó a la boca. Cuando se dio cuenta del mal sabor, ya las había masticado. Se las tuvo que tragar.

—Disculpa —le dijo Zoe—, esta charola de botanas las puso Mireya.

—No te preocupes... —contestó Roberto, y volvió al tema central—. Tu testimonio estimuló mi mente. En el video podremos hablar de violencia doméstica. Los tipos que hay. Es algo de importancia fundamental. Debe enseñarse en las escuelas primarias, secundarias y bachilleratos; difundirse en los medios de comunicación. No podemos permitir que en el siglo veintiuno haya una sola persona en el mundo que desconozca las definiciones de violencia. Para prevenirla y evitarla; para identificarla, protestar y poner un alto cuando suceda; para estar alerta de no cometerla. Porque el principal problema de las personas que la sufren, es que no la reconocen. Creen que el trato que reciben es "normal". Eso te sucedió a ti, Zoe.

—Pero cuando se habla de violencia, siempre se piensa en golpes. De hecho, las autoridades no suelen defender a las personas que se quejan, a menos que tengan huesos rotos o la cara reventada a puñetazos.

—Pues eso es exactamente lo que hay que difundir en el reportaje de tu testimonio. La gente debe tener bien claro que hay varios tipos de violencia; cinco principales:

"—Violencia física: Golpear, asfixiar, morder, arrojar cosas, patear, empujar, utilizar cinturones, palos, pistolas, piedras o cualquier objeto punzocortante. En general cuando existe el uso de fuerza física, o armas que lesionan.

"—Violencia emocional: Uso de palabras o actitudes que menoscaban la estima de una persona. Críticas, amenazas, insultos, gritos, comentarios despectivos, silencio prolongado, encierros, humillaciones (a causa de supuestos errores cometidos) burlas (por diferencias físicas como estatura, obesidad, color de piel, etcétera) o daño a mascotas o personas que la víctima ama.

”—Violencia económica: Control absoluto del dinero; no informar el monto de los ingresos familiares, impedir el acceso a ellos; amenazar a la pareja o hijos con no pagar lo necesario; alejarlos del patrimonio, herencia o bienes materiales para hacerlos sentir privación.

”—Violencia por abandono: Acto de desamparo hacia uno o varios miembros de la familia con los que se tienen obligaciones legales y morales. Suele ocurrir por infidelidades, divorcios sin seguimiento solidario, o desaparición injustificada del adulto.

”—Violencia sexual: Cualquier acto con fines lascivos que cometa una persona contra otra para obligarla a realizar acercamientos sexuales con o sin fines de cópula, valiéndose de una posición jerárquica derivada de relaciones laborales, docentes, familiares, o cualquier otra que implique subordinación.

”—Es necesario que todos aprendamos a identificar y detectar la violencia, cuando suceda contra nosotros o contra terceros. Solo así podremos realizar actos de denuncia o confrontación.

—¿Y qué hacemos después de detectarla? —preguntó Ana.

—Poner un alto —dijo el psicólogo—. No permitirla. Los agresores se aferran a sus prácticas y las incrementan en frecuencia e intensidad porque no suelen recibir mensajes claros de que deben detenerse. Una vez que lastiman a alguien, y se salen con la suya sin ninguna consecuencia, aprenden no solo que pueden volver a realizar ese acto, sino que están en posibilidades de probar un grado de mayor violencia.

Zoe parecía muy interesada. Opinó con cautela:

—Yo he sufrido al menos cuatro tipos de violencia desde niña; emocional, económica, sexual y por abandono, pero tengo una objeción respecto a lo que dijiste Roberto. Dices que las víctimas no pedimos ayuda porque "creemos que el trato recibido es *normal*". Y lo dices como si eso fuera un pecado. ¡Pero en realidad lo que hace o dice un maltratador emocional sí es normal! Es *normal* que alguien de vez en cuando diga groserías, grite, amenace, o haga comentarios despectivos. Es *normal* que un miembro de la familia se encierre en su cuarto y tenga una racha de hermetismo o no quiera hablarnos; es *normal* que haya cierto pesimismo, negativismo o incluso furia pasajera... es *normal* que quienes conviven se mofen un poco de los errores cometidos o de las diferencias físicas... todo eso es *normal*... En cualquier familia sucede, y nadie debería rasgarse las vestiduras por ello. El problema no es que suceda de forma aislada, ¡el problema es que ocurra diario y a todas horas! Yo creo que es la frecuencia, la repetición exagerada lo que se vuelve maltrato.

—Muy bien —aprobó Roberto—. Tienes toda la razón. En terapia le llamamos "tortura china"; es un término metafórico perfecto. ¿Sabes lo que es la tortura china?

—No.

—En la antigüedad, los chinos inventaron un tormento extremo. A los prisioneros les sujetaban la cabeza y les hacían caer una gota de agua continua sobre el cráneo. ¡Una simple e inofensiva gota de agua! ¿A quién puede lastimar una gota de agua? Les daban de comer y de beber, pero la gota continuaba por días y días, cayendo de manera incesante. Los torturados perdían el cabello en ese lugar, la gota comenzaba a enloquecerlos y a perforarles el cráneo. ¡Eso es exactamente el maltrato emocional, Zoe!

Lo describiste muy bien; *tortura china*. Una gota incesante en la que el maltratador le recuerda al maltratado *cada día* sutilmente, a veces susurrando, sin gritar y hasta con una sonrisa, que es una persona tonta, inútil, incompetente, ignorante, inepta, desagradable, fea, defectuosa, débil, incapaz, culpable. La gotita está siempre ahí ¡y la víctima acaba hundida en tristeza, creyendo cuanto le dicen, convencida de que merece ser castigada y que la culpa de todo lo malo a su alrededor es *solo suya*!

—Eso me pasó con Yuan.

La antorcha de Ana se estaba extinguiendo; se puso de pie para recopilar materiales y hacer otra. Entonces Mireya escuchó algo.

—¡Oigan! —emitió un aullido de furor—. Hay niños en la calle. El motor de un auto. ¡Afuera hay gente!

—Son los vecinos —dijo Zoe—, su garaje está frente al mío.

—Acaban de sacar el coche.

Comenzaron a gritar.

15

Ana, Mireya y Zoe pidieron auxilio hasta desgarrarse las cuerdas vocales.

—¡Por favor! ¡Abran!

—¡Déjennos salir!

—Estamos encerradas.

—No podemos respirar.

Golpearon la puerta usando toda su energía para tratar de llamar la atención, pero los vecinos, movidos por las prisas de la mañana habían subido a su auto con rapidez y se habían alejado del lugar.

Exhaustas, guardaron silencio; Zoe colocó la oreja sobre la cortina metálica.

—Se fueron... Ya no hay nadie afuera...

Las sombras del entorno parecían más ensombrecidas por las nubes del desaliento que habían vuelto a sitiarlas.

—Es increíble. Ya amaneció; son las siete y media, ¡y no entró ni un rayito de luz aquí! Nos metieron en una maldita caja fuerte. Estamos secuestradas; quienes hicieron esto quieren que nos muramos.

Ana, jadeando furiosa, anudó otro trapo y lo impregnó de aceite con gasolina antes de encenderlo.

Mireya se tapó la nariz.

—Me pica la garganta. Y los ojos.

Zoe intervino.

—Apaga eso Ana. Este lugar ya no tiene oxígeno.

—Sí tiene. Haz la cuenta. Cuántos metros cuadrados hay aquí y cuánto oxígeno consumen tres personas. Te aseguro que podemos durar...

—¡Deja de decir estupideces y apaga la antorcha!

—¡Yo necesito luz! La oscuridad me da pánico. Entiéndanme. Siento una claustrofobia incontrolable. Por favor... Déjenme prender esta flamita.

—¡Pero nos vas a matar!

—La antorcha casi no produce humo. Además ya estábamos muertas antes de entrar aquí.

Mireya seguía tosiendo.

—Siéntate —le dijo Zoe—. Los gases tienden a subir. Cerca del suelo, el aire se mantiene puro.

—Se supone que todo iba a ser más fácil y más rápido —Ana también comenzó a toser. Imitando a Mireya se quitó la ropa superior y la usó como filtro para la nariz. Con las manos en la garganta, gimió—. Estar aquí es perfecto. De eso se trataba. Esa era la intención. Si vamos a quitarnos la vida, este es el momento. Ya no puedo aguantar más.

—Las cosas han cambiado —dijo Mireya apenas—, lo que está pasando es algo totalmente fuera de lógica.

—¡Vamos a morir de todos modos! —insistió Ana—. No tenemos agua, ni comida, ni baño... Si los hijos y el marido de Zoe están de viaje, pueden tardar varios días en abrirnos. Para entonces será tarde. Dejen que el monóxido de carbono nos envuelva y Mireya, saca la droga de una vez; todo estaba planeado así.

—¿Así? ¡Nadie lo planeó así!

—Claro que lo planeamos. Ustedes dijeron que lo haríamos —contradijo su bravura—. Tengo miedo. Mucho miedo.

Mireya, en el suelo había recuperado parcialmente el aliento.

—Acuéstense. Recuerden lo que dijo Roberto. Para controlar el temor enfócate en respirar. Hazlo despacio.

—Maldita —murmuró Ana haciendo el ademán de que iba a patearla, pero solo la empujó con el zapato—, no te queda decir eso... tú nos metiste en este lío... ¿Ya cambiaste de opinión?

En realidad, una persona *piensa* en el suicidio cuando se conjugan tres factores: Físico (enfermedad). Emocional (sentimiento de fracaso absoluto). Social (sensación de soledad y desamparo). Pero suele *consumarlo* solo en dos circunstancias extremas: Si sufre de un terror desmedido provocado por voces psicóticas que lo persiguen; o si cae en profunda depresión y pierde por completo la esperanza de solucionar problemas que no soporta. Y ni Mireya, ni Ana, ni Zoe estaban (ya) en ninguno de esos supuestos.

Mireya se incorporó para apagar la antorcha. Ana se puso en cuclillas, llorando.

Zoe abrió la portezuela del auto chocado.

—Vengan. Métanse aquí.

Giró el botón de la luz interior. No era muy intensa pero suficiente para atenuar la negrura del entorno.

—Mira, Ana. El coche tiene una lamparita.

—¿Y las llaves?

—Están puestas. Pero no va a encender; y si lo hace, nos llenaríamos de más gases inmediatamente. Esperemos. Las cosas pueden cambiar. Mientras tanto, enfoquémonos en otras ideas. Pensemos en un sitio hermoso donde nos gustaría estar.

Mireya se imaginó una montaña boscosa. Ana pensó en la playa, y Zoe ensayó con dibujar un lago, pero los recuerdos de Roberto, la noche anterior, leyendo fragmentos de su libro y hablando sobre el maltrato emocional, regresaban a su mente una y otra vez.

—Como parte de su educación, los niños y jóvenes deberían aprender conductas que los hagan "difíciles de maltratar". Existen *cinco* señales de peligro y sus respectivas técnicas de frenado para impedir el maltrato: La primera *señal de peligro es tener el lema de* "LLEVAR LA FIESTA EN PAZ", y preferir evitar los problemas. ¡Cuidado! Ser pacifistas en extremo, nos hará personas "maltratables". Para evitarlo, debemos aprender a enojarnos. Sí. Enojarnos y demostrarlo cuando alguien nos agreda. Debemos saber protestar cara a cara; poner un alto; atrevernos a discutir o a mantener periodos de enfado aún con amigos y familiares. Si es necesario, quejarnos con alguien de mayor jerarquía. Pero no con gritos o rabietas, sino mediante argumentos razonables.

"—La segunda *señal de peligro* es QUE NOS CUESTE TRABAJO DISCUTIR O VERBALIZAR. ¡Cuidado! Si somos de pocas palabras o de voz débil, seremos "maltratables". Para evitarlo, debemos practicar la oratoria y la declamación, aprender a articular con claridad y fuerza; ¡al hablar, usar un volumen más alto del normal! Impartir clases, dar conferencias, grabar nuestras intervenciones y escucharlas en tono crítico para detectar titubeos, muletillas, dicción insegura ¡y corregir! Expresarnos con claridad y fuerza *siempre*.

"—La tercera *señal de peligro es* CEDER ANTE LA PRESIÓN (regaños, gritos o críticas). ¡Cuidado! Si agachamos la cabeza frente a los prepotentes, seremos "maltratables".

Para evitarlo, aprendamos a relajarnos, y no dejarnos intimidar. Darle a entender a los abusivos que se equivocan con nosotros; dejar bien claro que no podrán aplastarnos. De forma elegante llevarles la contra a quienes quieran obligarnos a algo que no deseamos.

"—La cuarta *señal de peligro es* SENTIR VERGÜENZA O CULPA POR ERRORES O CARACTERÍSTICAS DIFERENTES. ¡Cuidado! Si nos afecta mucho que alguien remarque nuestros defectos, seremos "maltratables". Para evitarlo, de una vez por todas, ¡aceptémonos! Asimilemos y convenzámonos de que la combinación de nuestras caídas (y aprendizaje) del pasado, con las particularidades de nuestro cuerpo y carácter, nos convierten en seres humanos especiales e irrepetibles, y no importa lo que otros opinen, hay belleza, bondad y virtud en nosotros.

"—La quinta *señal de peligro es* CREER QUE TENEMOS EL DEBER DE RESOLVER PROBLEMAS AJENOS. ¡Cuidado! Si nos importa más el bienestar de otros que el nuestro, seremos "maltratables". Dejemos que las demás personas sufran las consecuencias de sus errores y no tratemos de arreglarles la vida o sacrificarnos siempre por ellos.

"—El maltrato psicológico se convierte en prisión mental. La persona vive secuestrada de su felicidad y no se da cuenta. Por eso debe buscar salida. Levantar la voz. Educar a la gente sobre cómo quiere ser tratada.

Estar dentro del auto, con la luz del foco amarillento, parecía no mitigar el ahogo de Ana. Hiperventilaba. Se apretó el pecho con fuerza.

—No te vayas a desmayar —le dijo Mireya.

—Sí... no... trato de distraer mi mente —resoplaba con dificultad—. Estaba pensando... respecto al maltrato y la violencia... a veces los maltratados nos volvemos maltratadores... —salió del vehículo y emitió un alarido como queriendo expeler tanto gases tóxicos cuanto amargura; luego se controló y dijo—, hay quienes como respuesta al maltrato, practicamos la revancha... Yo he sido así. Fui víctima. Ustedes lo saben. De violencia sexual. Con los años aprendí a vengarme. Una de mis víctimas fue Yuan....

—¿Yuan? —preguntó Zoe saliendo del auto también—. ¿Mi esposo?

—Sí, amiga —hizo una pausa antes de decir algo que en otras circunstancias jamás se hubiera atrevido a revelar—. Me acosté con él. Luego lo extorsioné.

16

¿Ana estaba perdiendo la razón? ¿Sus episodios de angustia la habían llevado a perpetrar acciones disparatadas?

—Repite por favor. Creo que no entendí. ¿Te acostaste con mi esposo para extorsionarlo?

—Lo hice tratando de ayudarte.

—¿De qué hablas?

—Tuvimos sexo y lo filmé; luego le mandé una copia del video y le pedí dinero a cambio de mantenerlo en secreto; a él no le convenía un escándalo en los medios. Así que accedió.

Zoe no salía de su asombro; aprender sobre la deslealtad de su amiga le causaba indignación pero no ira; en el fondo le encantaba la idea de imaginar a Yuan usurpado.

—Ana ¿qué rayos dices? —le gritó y la jaloneó— Yo te rescaté de la calle cuanto llegaste a mi puerta; te di alojamiento. Aún en contra de Yuan. Fuiste mi huésped por varios meses. ¿Cómo pudiste pagarme así?

Ana había regularizado su ritmo respiratorio; se veía determinada a abrir la caja de Pandora que llevaba consigo.

—Me ayudaste, Zoe, pero no de forma espontánea. Cuando te fui a buscar me diste un portazo en la nariz. En una ocasión hasta llamaste a la policía para que me echaran de tu casa.

—No sabía quién eras.

—Claro que sabías. Yo siempre he sido igual.

—¡Vestías ropa vulgar! ¡Escote hasta el abdomen! Falda de diez pulgadas. Y tenías la cara llena de llagas. ¡No te reconocí!

—Estaba enferma. Física y mentalmente —parpadeó varias veces como conteniendo una lágrima que al final se convirtió en espasmo—, fue una racha terrible... Eso hace la droga...

—Te recuperaste gracias a mí —Zoe seguía en ofensiva—. Yo te di de comer, te llevé a terapias y estuve a tu lado hasta que te libraste de ese lastre.

Ana reconoció la dádiva y reprochó el contexto:

—Sí. Me diste de comer, escasamente, lo que sobraba. Me llevaste a terapias gratuitas, del gobierno. Y no te lo reclamo, porque sufríamos juntas, y porque a pesar de estar casada con un hombre rico, no tenías dinero.

—Y le quitaste dinero a mi marido, quitándome a mí el marido.

—No fue así...

—¿Entonces cómo? Porque no entiendo tu lógica.

—¿Cómo vas a entenderla si jamás me has escuchado? Vives centrada en tus problemas. Cada vez que he tratado de contarte los detalles de mi vida, dices algo como "no pensemos en cosas tristes", luego cambiabas el tema. Incluso ayer, mientras estaba hablando frente a la cámara, te la pasaste yendo y viniendo a la sala, según tú para ver cómo estaba Mireya. No solo me distrajiste, sino que me hiciste darme cuenta de cuan poco te importo.

—A Mireya le dolía el estómago.

—Era mentira. ¿Y ya te diste cuenta que dejó de dolerle como por arte de magia? ¡Mireya estaba fingiendo! Es una teatrera. Ella no quería grabar su testimonio.

Para sorpresa de Zoe, Mireya no desmintió la declaración. Permaneció dentro del auto agachada, hecha un ovillo, enlazándose las piernas con ambas manos, ajena al debate.

—A ver. Ya no discutamos —la voz de Zoe aún era alta, aunque había comenzado a sonar conciliadora—. Háblame claro; ¿qué hiciste?

Ana respiró hondo.

—Yo vi durante meses cómo suplicabas amor y Yuan te rechazaba. Eso me causó mucho coraje, porque tú eres una mujer buena y mereces algo mejor. Entonces me vengué.

—Sedujiste a mi marido para robarle. Ya lo dijiste.

—Yuan hizo la mayor parte. Me buscó en la habitación de huéspedes. Toda la iniciativa la tomó él. Y cuando vi hacia donde iban las cosas, le tendí una trampa. Preparé el terreno. Cayó redondito. No tuvo más remedio que pagar. Hizo un cheque de caja a tu nombre. Suficientemente grande como para que te fueras del país y te compraras otra casa y un auto nuevo. Yo vi el documento bancario. Legal. Equivalente a dinero en efectivo. Nadie más que tú lo podía cobrar. Por cierto, siempre me pregunté qué hiciste con él.

—Yo no recibí ningún cheque.

—Lo recibiste. Yuan lo puso dentro de la tarjeta de felicitación que te dio cuando cumpliste cuarenta años.

Zoe sintió que una oleada de malestar general la amenazaba con hacerle volver el estómago. Recordó el momento. Los muchachos iban por delante. Yuan salió al último. Se veía furioso, hostil, lleno de un odio que Zoe no entendía. Le arrojó el sobre diciendo "que lo disfrutes, idiota".

—Lo rompí. Ni siquiera lo abrí.

—Sí, anoche lo dijiste frente a la cámara. Quise darte ese regalo sin jactarme ni presumir. También quise darle una lección a tu marido. Yo no me quedé con un centavo.

Zoe se llevó la mano al pecho para tratar de atenuar una punzada repentina. Su postura había menguado. Se sentía de nuevo profundamente destrozada. Susurró:

—Tienes razón. He vivido demasiado centrada en mi dolor y nunca te escuché... ni siquiera me di cuenta de lo que eres capaz.

Ana apretó la mandíbula como reconociendo una bravura que la hacía fuerte y débil a la vez.

—Y jamás supiste de mi hermana gemela, ¿verdad? Nunca te enteraste de todo lo que ella y yo vivimos juntas... de cuánto sufrimos.

—¿Tienes una hermana?

—La tuve...

—¿Murió?

—¿Lo ves? No sabes nada de mí, Zoe. Nuestra amistad ha sido a la vez cercana y superficial. ¡Incluso ayer que hice las más duras confesiones, tampoco quisiste oír!

Zoe se llevó las manos a la nuca.

Ana encaró a su amiga mirándola sin hablar. Sus siluetas se dibujaban precariamente por esa pequeña luz amarillenta del auto chocado.

Mireya seguía sin decir palabra, pero salió del coche llevándoles la cámara portátil. Ana la tomó, buscó el testimonio que grabó la noche anterior y se acercó a Zoe.

—¿Quieres verlo?

—Claro.

17

Soy Ana.

Sofía y yo dormimos en la misma cama. Siempre juntas. Con la luz encendida porque la oscuridad nos produce angustia.

El picaporte gira. Me despierto antes que ella. Ha llegado la hora.

Es nuestro tío.

¿Acaso mis padres no se dan cuenta? ¿Acaso no les importa?

Salgo de la cama y me voy a mi lugar; el de siempre, sobre la mesa de trabajo.

Sofía reacciona, pero no se defiende.

Sentada en el escritorio, observo las agujas del reloj; reloj que detiene los segundos, que juegan en complicidad con aquel asesino de sueños.

Sofía es ahora solo un pedazo de carne fresca.

Nuestro tío se ha metido a nuestra cama otra vez y ella me mira con desamparo y angustia. Ya no lucha. Ya no protesta. Solo me mira. Y yo la miro. Con los ojos me dice "tranquila, Ana; todo va a estar bien".

Soy espectadora del ritual que cobra vida en nuestro cuarto dos veces por semana.

Es repulsivo.

Tic tac... tic tac... *dieciocho minutos exactos; eso dura la tortura. Dieciocho minutos en tiempos de dolor, que como en tiempos bíblicos, parecen siglos.*

Tic tac... tic tac...

Sofía ya no llora, hace años que ha renunciado a las lágrimas, huellas implacables que la obligarían a crear excusas, a inventar pesadillas. No. Ya no llora, tan solo se gira hacia la pared y duerme anhelando que esta vez la muerte venga pronto por ella.

Trato de consolarla. No me escucha. Está dormida. O muerta. Quién sabe.

Me acuesto a su lado. Suena el despertador. Hora de ir a la secundaria.

Un charco de orín se dibuja en nuestras sábanas otra vez. Jala la tela, se apresura a esconderla antes de que nuestra madre pueda notar que aún a sus catorce años, sigue mojándose en las noches. Pero mamá se da cuenta y hace un escándalo. Sofía y yo salimos corriendo hacia la escuela. Mamá va detrás, enarbolando las sábanas marcadas por una aureola amarilla. La calle es un hervidero de vecinos y gente pasando. Nuestra madre expone la falta y nos regaña; todos se dan cuenta y ríen. Sofía agacha la cabeza; camina más rápido. Trato de protegerla, pero el daño ya está hecho. A la tortura del reloj y de mi tío rodando por las cobijas se le agrega la vergüenza de su incontinencia que ya es del dominio público.

Sofía me observa de reojo y sé por su mirada que la estoy perdiendo; que se aleja cada vez más de mí, y lo hace voluntariamente. Ella es una leprosa, una enferma infecciosa, una virulenta de la peor clase. No quiere contagiarme. Desea que me mantenga al margen.

Su pecado más grande ha sido ser bella. Muy bella. Rubia, de caireles, ojos claros, y cuerpo llamativo. Haberse desarrollado como mujer desde los once.

Yo no me alejo. Sé que mi presencia puede al menos confortarla; avanzo con ella a la escuela y a la casa. Pero ya no me habla.

Nuestra madre se acerca. Otra vez la misma cantaleta.

—¿Cuándo vas a aprender a aguantarte? Mira qué grande eres y sigues orinándote en la cama.

—Mami, ¿estás loca? —protesto—, ¡tanto escándalo por una meada!

Creo escuchar entre nubes, estoy muy ofuscada.

—Tú no te metas, Ana. La bronca no es contigo es con Sofía.

—¡Pues Sofía merece respeto! Ya déjenla en paz. ¿Quién no se ha orinado una noche al soñar que se encontraba en el baño?

—¡Una noche has dicho, pero ella lo hace dos veces por semana! Además ustedes siempre duermen con la luz prendida. Eso es anormal. El recibo de pago llega carísimo.

Sofía corre al cuarto. La sigo. Se tira en nuestra cama (la única cama de esa habitación pequeña), llora, muerde la almohada. La abrazo, la consuelo en silencio y al cabo de un largo rato, el sueño se va apoderando de las dos. Aunque separadas, somos muy unidas. Ana y Sofía. Ella sufriendo en la carne y yo sufriendo en el alma.

Tenemos tres noches tranquilas. Sin irrupciones. La cuarta, otra vez el picaporte.

Quiero gritar, pedir ayuda. Sofía me dice que no lo haga; eso causará más problemas. Salgo de la cama, como siempre, y voy al escritorio.

Solo pienso: ¿Cómo hago para protegerla si no me deja?

Tic tac. Tic tac. Tic tac.

Recuerdo aquellos tiempos, cuando juntábamos las manos pidiendo a Dios que nos ayudara. Recuerdo las mil promesas de ser niñas buenas, hacer la tarea, respetar a mamá y a papá; todo a cambio de que Dios nos quitara el suplicio de nuestro tío. Creer en Dios es nuestra esencia, pero a veces, ver el cuerpo de Sofía lacerado me hace dudar. ¿Cómo puede un padre amoroso saber que le hacen eso a una de sus preciosas hijas por las noches y permanecer en silencio? ¿Cómo se contiene de no mandar un relámpago de cien millones de voltios para fulminar a nuestro tío? ¿Y por qué se contiene?

Sofía ya no me quiere cerca. Me ha pedido que me vaya. Cree que alejándome me resguarda del dolor, pero no es así. Aunque esté en otra habitación yo escucharé el tic tac *y me sentiré desgarrada al adivinar lo que sucede detrás de la puerta.*

Amanece. Sofía nuevamente mojada.

La misma rutina: esconder las sábanas, abrir las ventanas para que el colchón se airee, bañarse con la esponja más dura, tratando de desgarrarse la piel. Quizá así se borren las huellas de la noche que han deformado su caminar en la mañana.

—Sofía, ponte derecha *—le dice mamá sin sospechar siquiera por qué su hija arrastra las piernas, lastimada—, ¡pareces un hombre caminando así! ¡Quítate esa camisa! ¡No entiendo por qué usas tanta ropa! Muestra un poco tus formas o nunca vas a conseguir novio.*

¿Conseguir novio?

Ni Sofía ni yo queremos novio. La idea de tener novio solo despierta en nosotras la sensación del tic tac. No nos apetece tener un hombre cerca; nos sentimos amenazadas ante la posibilidad de un abrazo; de que alguien pase su mano por nuestros hombros.

Ni nuestra madre ni nadie entienden que debajo de toda esta ropa masculina, vive una mujer ansiosa de amar. Pero no sabe cómo, ni a quién. ¡No sabe!

Una noche me siento frente a Sofía y le hablo largamente. Claramente. Quiero convencerla de que también hay hombres buenos; de que no todos son iguales; de que un príncipe azul nos rescatará del tic tac *algún día.*

Y ella me cree.

Y le digo:

No es cierto que no sirvamos para el amor. Es que nunca nos enseñaron a amar.

Entonces ocurre el milagro.

Dios no puede contenerse más: A las cuatro de la tarde de un catorce de mayo, manda el relámpago (tan esperado) de un millón de voltios que aniquila a nuestro tío; y sus restos son llevados a las prisiones oscuras del más profundo abismo infernal.

—Tu tío ha muerto.

Se lo dicen por teléfono.

Sofía no sabe contestar y sin entender, una lágrima cae por su rostro reseco; una lágrima seguida por otra y por otra. Entrando en un estado de euforia lastimera, grita, corre, se encierra en el cuarto y acaba tirada en el suelo.

Llora y patalea. Pero es un llanto de impotencia. Porque sabe que aunque Dios hará justicia en el más allá, a ella le hizo falta la justicia del más acá.

Nos unimos en el llanto, en ese terrible dolor y rabia.

Nuestro tío se murió, sin que le reclamáramos, sin que pudiéramos hacer realidad esas mil venganzas que habíamos planificado: Se murió sin vivir la vergüenza de ser descubierto, sin poder agarrarlo y cortarlo en mil pedazos; sin que golpeáramos su pecho y escupiéramos su rostro; sin que Sofía se atreviera a cerrar los dientes con todas sus fuerzas para que su falo blando y asqueroso fuera arrancado de entre sus piernas. Se murió limpio, rodeado de los que amaban su disfraz, rodeado de quienes seguían creyéndolo un buen hombre. Se marchó de este mundo sin llevarse el olor a cigarrillo que dejó en nuestra nariz, sin borrar las huellas de sus manos delgadas y callosas, sin disolver la humedad de su respiración en la nuca de Sofía, sin evaporar su baba envejecida y su sucia virilidad.

Sofía corre al baño, se abraza al inodoro y comienza a vomitar... vacía su estómago y al hacerlo saca del interior todas esas caricias, los apretones y golpes silenciosos, los jalones de cabello, la mano tapándole la boca, los labios adoloridos... Todo sale de Sofía a medida que adelgaza de huellas su piel... y entonces cae rendida, en ese suelo frío y blanco, pero sucio con el reflejo de su cuerpo exánime.

Después de un rato, se calma.

Le cuesta mucho incorporarse.

Abre la puerta del baño y me encuentra ahí.

Sigo sentada en el escritorio. No me he movido.

Me mira llorosa y dolorida. Con ganas de abrazarme. Entonces siento como mi cuerpo etéreo se resquebraja.

Me asombro. ¿Qué está pasando?

Voy desmoronándome despacio en mil partículas y observo mis fragmentos en un torbellino sin precedentes.

Me convierto en aire.

Nuestro tío ha muerto. Sofía y yo ya no necesitamos vivir separadas... Se acabó la razón que nos hacía ser dos personas.

Un lento y poderoso escalofrío me recorre la piel de la espalda cuando me voy metiendo en ella para fusionarnos... Después de tantos años de silencio entre nosotras, me siente, me sabe parte de ella. Somos una. Somos la misma.

—Ana Sofía... —dice mi madre—. Tenemos que ir al hospital. Tu tío ha muerto.

—¿Y para qué debemos ir?

—Para estar con la familia. Mira nada más. Vístete decentemente. Deja de usar esos pantalones y camisas holgadas. Ya madura.

Y me levanto de la cama y me pongo ropa de mujer por primera vez.

18

La cámara tintinó. Una advertencia de que le quedaban siete minutos de energía comenzó a parpadear en la esquina superior de la pantallita. La ignoraron. Siguieron observando el testimonio muy juntas una de la otra, sentadas en el suelo y recargando sus espaldas en la pared.

Zoe se sentía a la vez asombrada y avergonzada, porque en efecto, después de tantos años de amistad, estaba conociendo por primera vez la historia de Ana Sofía. Siempre prefirió obviar los detalles. Aunque sabía que fue víctima de abuso sexual, no le agradaba el tema.

Recordó que la noche anterior estuvo distraída y ajena a las palabras de su amiga, pero se incorporó a la charla posterior de forma casual, al momento de cambiar las nueces rancias por unas frutas deshidratadas.

Se hallaban en la sala. Ana Sofía había terminado de grabar su testimonio. Se apretaba los dedos con el rostro contraído por una combinación de vergüenza y terror reminiscente. Levantó la mano después, como hacen los alumnos de primaria pidiendo, con respeto, el derecho a preguntar.

—Yo tengo una duda... ¿Lo que a mí me pasó es normal? Quiero decir. La forma como reaccioné cuando mi tío...

—Sin duda —expresó Roberto—. Para resistir el abuso, y como respuesta al instinto de supervivencia, el menor suele poner su razón en blanco o viajar mentalmente a otro lado; separarse de sí mismo para salirse de la escena;

provocarse otros dolores o insensibilidad física; morderse los labios o contener la respiración; fingir que está dormido, desmayado o muerto.

—*Separarse de sí mismo para salirse de la escena* —repitió Ana con la vista perdida—. Yo hice más que eso. Mi personalidad se desdobló. Todavía siento que soy una de las dos. Pienso *solo* como Ana, o *solo* como Sofía —apretó los puños con mucha fuerza—. La violencia sexual es devastadora.

—Hay varios tipos —dijo Roberto—. Me voy a permitir leer las definiciones que pienso incluir en tu reportaje, Ana —abrió el libro, elevó el volumen de la voz—. *Ataque sexual* es cualquier agresión erótica (manoseos, exposición pornográfica, etc.) que no necesariamente incluye penetración, hacia una persona. *Violación* es el uso de fuerza física o coacción psicológica para penetrar en los orificios anal, vaginal u oral de una persona sin su consentimiento. *Abuso sexual infantil* es cuando un adulto usa a un menor de dieciocho años para estimularse o estimularlo sexualmente. Si el niño tiene menos de trece, y el abusador es cuatro años mayor (o más), al acto se le llama *estupro*. Si el adulto experimenta fantasías e impulsos eróticos hacia niños de trece años o menores se llama *pedofilia*. Si el adulto tiene atracción e impulsos sexuales hacia niños de su propia familia, se llama *incesto.*

Pilar tomó la palabra. Manifestaba cierta irritación incontrolable poco común en ella.

—¿Saben ustedes quiénes son los abusadores sexuales de menores? —su tono al preguntar era histriónico, inflamado—. ¡Personas "normales", muchas de ellas exitosas, y de confianza! ¿Lo pueden creer? La aplastante mayoría de los abusadores son parientes o autoridades del menor:

Padres, padrastros, hermanos, amigos, choferes, maestros, vecinos, cuidadores, nanas, maestros, sacerdotes, pastores, médicos, entrenadores o amigos de la familia. Noventa por ciento hombres; diez por ciento mujeres. Casi siempre comenzaron su vida sexual tempranamente (antes de los dieciséis años). Muchos fueron abusados en su infancia.

—Pero si analizan las definiciones, el abuso sexual infantil tiene muchas modalidades —complementó Roberto—. No solo es la penetración de la vagina, ano o boca. Es enseñarle pornografía a un menor, es obligarlo a mostrar sus partes íntimas o a mirar las del adulto. Es hacer que vea actos sexuales de otros. Es tocar o acariciar sus genitales. Es enseñarlo a masturbarse, o simplemente, hacerle comentarios eróticos. Con frecuencia todo sucede gradualmente; el adulto prepara al menor durante meses. Se va ganando su afecto con juegos, regalos y atención; cuando percibe que el niño le tiene confianza, propicia el acercamiento sexual. Por lo general, no usa la violencia. Le dice frases como "estás hermosa", "eres mi preferida", "esto es lo que hacen los abuelitos (tíos, amigos) para decir te quiero", "no tiene nada de malo". Entonces soborna al menor; le da regalos y le dice que si se queja le va a contar a todos sus secretos y le echará la culpa. También suele amenazarlo con dañar a sus hermanos o padres si dice algo. Así, el supuesto "gran amigo" del niño se convierte en su chantajista y verdugo sexual. Esta situación puede durar años.

Ana Sofía había estado asintiendo sin cesar, Zoe no pudo contenerse ante la crudeza del tema y protestó:

—¿Pero cómo es posible? ¡Esto es ilógico! ¿La gente alrededor del niño no se da cuenta? ¿Dónde están sus padres y amigos verdaderos?

Pilar y Roberto quisieron hablar al mismo tiempo. Él le cedió la palabra a ella.

—Rara vez un jovencito abusado dice lo que le está pasando. La gente debería ser observadora para leer las señales ocultas. Por desgracia sí hay personas que se dan cuenta y no hacen nada. En ocasiones incluso las madres lo toleran por temor a las represalias.

—¡Eso es absolutamente increíble! —reiteró Zoe.

—¿Y qué señales debe tomar en cuenta un adulto? —preguntó Ana.

—Hay muchas. Con frecuencia el niño abusado hace dibujos o juegos sexuales anormales para su edad. Manifiesta exceso de curiosidad o comportamiento erótico. A veces, por el contrario, muestra rechazo evidente a todo lo relacionado con sexo. Casi siempre desarrolla una conducta antisocial; sentimientos de culpa y vergüenza. Se aísla. Sufre episodios depresivos; tiene ideas o intentos de suicidio. Siente odio, deseos de venganza, y manifiesta actitudes explosivas. Padece dificultad para concentrarse, miedo a la oscuridad o a la soledad. Insomnio, pesadillas. Sufre incontinencia urinaria; infecciones, dolor o comezón en los genitales, dificultad para caminar o sentarse. Puede desarrollar trastornos alimentarios o psiquiátricos. Presenta moretones, heridas, mordidas o enrojecimientos que trata de ocultar. También es importante que los adultos comprendan que no todos los niños corren el mismo riesgo. Hay algunos a quienes se debe vigilar más. Por ejemplo, tienen más peligro, las mujercitas, sobre todo si se desarrollan a temprana edad; los menores que habitan en viviendas hacinadas, de bajo nivel cultural o cerca de adultos alcohólicos; quienes tienen padrastro; los chicos solitarios, con baja autoestima, o carencias afectivas; los que manifiestan confusión con su género; a quienes no se les ha enseñado a gritar o protestar; a quienes se les ha dicho que los adultos tienen autoridad absoluta y deben ser obedecidos.

Mireya se había olvidado de su dolor estomacal y escuchaba con los ojos muy abiertos. Preguntó:

—¿Un niño abusado tiene consecuencias en su vida sexual adulta?

Esta vez la respuesta no se dio de manera espontánea. El terapeuta tomó su libro de nuevo y buscó en el índice. Luego hojeó para encontrar la respuesta.

—Las experiencias sexuales traumáticas a temprana edad, son el origen de *Parafilias* como exhibicionismo, fetichismo, sadismo, transexualismo y pedofilia. *Trastornos* como vaginismo, ausencia orgásmica y aversión al sexo. *Conductas extralimitadas* como prostitución y promiscuidad. *Fobias* al matrimonio o a la intimidad con personas de uno u otro género.

Fue Zoe quien hizo la pregunta crucial del tema.

—¿Y cómo se evita todo esto?

—En la casa —Pilar estaba convencida—. Enseñando a los niños a protestar cuando se sienten injustamente tratados. Muy pocas veces un familiar, maestro o guía, felicita a los niños que reclaman por una humillación. Más bien los someten. Eso es idiota. A los chicos hay que darles su lugar como personas. ¡En eso consiste todo, caray! ¡En crear estrategias con ellos! Se debe establecer, por ejemplo, una palabra en clave (para cuando haya gente ajena escuchando) que signifique "necesito ayuda". Por otro lado, ¡todos! (niños y adultos), debemos aprender a confiar en nuestros instintos y decir "ALTO" con voz fuerte y clara si alguien nos toca de forma incómoda. La práctica de gritar, decir "¡momento!" "¡Aléjate!" "¡Auxilio!" "¡Retírate!", puede ser la gran diferencia. Los abusadores sexuales son gente muy cobarde que teme a los escándalos y se retira cuando la víctima protesta enérgicamente —la lengua de Pilar se atropellaba con las palabras; parecía que su mente elaboraba ideas a mayor velocidad de la que su boca era capaz de articular—. Ahora bien, si un niño o niña acude a nosotros para confesar que ya ha sido molestado sexualmente, debemos mantener la calma y establecer un diálogo sincero que haga sentir cómodo y protegido al chico; el primer mensaje que debe recibir es este: «No fue culpa tuya. Te felicito por hablar. Lo que te hicieron o han tratado de hacerte no es correcto». De inmediato se deben tomar medidas para salvaguardarlo. Se debe confrontar, acusar y exponer al abusador. Los casos más difíciles ocurren cuando se trata del padre o padrastro, porque el sujeto exigirá sus derechos de custodia; ahí hay que ser mucho más determinados y valientes. Se debe alejar al menor de su verdugo sexual. Si otro adulto no lo protege a costa de todo, nadie lo hará. Los menores que han sufrido abuso sexual (y sus familias) necesitan evaluación y tratamiento profesional. Un buen terapeuta puede ayudarlos muchísimo para superar el trauma.

Zoe volvió al presente. Hacía demasiado calor. Sudaba en exceso.

—Me estoy comenzando a desesperar también —esta vez fue ella quien tuvo un acceso de agobio por el encierro. Volvió a la orilla de la cortina buscando aire. Nada. Se quitó la ropa superior y cerró los ojos, jadeante de reconquistar la serenidad que parecía estar emprendiendo la retirada cada vez con más denuedo.

Volvió a sentarse. Resopló.

La historia de Ana no había terminado.

19

Los días que siguen a la muerte de mi tío hay grandes cambios. Vacío mi ropero de esas camisas gigantes y masculinas. Me deshago de los pantalones amplios. Suelto mi pelo y le robo a mamá un poco de maquillaje. Me convierto en una mujer. Pero el resultado no es del todo positivo. Soy una chica gris; al menos así me veo; así me siento.

Y es que cuando mi alma se separaba de mi cuerpo, de alguna forma yo estaba protegida, pero al momento en que dejé de desdoblarme, se mezclaron candor y suciedad en la misma persona.

Una tarde, tomo todos los relojes de la casa, los meto en una mochila y voy al cementerio; a la tumba del tío. Los arrojo sobre ella, los piso, los pateo, busco un palo y comienzo a golpearlos, hasta que solo quedan añicos de los mecanismos que alguna vez hicieron tic tac.

Al día siguiente voy con mi tía, quien vive en la casa contigua a la nuestra, pero comunicada por una puerta interior como algunas habitaciones de los hoteles; la saludo y le cuento todo lo que su marido me hizo. "Ya se murió, mejor no jugar con la memoria de los muertos", esa es la respuesta. Pienso que me gustaría tener puños para dejar en el rostro de mi tía las mismas marcas que su marido dejó en mí.

Atravieso la puerta que conecta la casa de mi tía con la nuestra y encuentro a mi madre desesperada por el robo de los relojes; pregunta una y otra vez. Yo me río. Adivina que los tomé. Cree que los vendí o empeñé.

Llega mi tía. Escucho a mi madre hablando con ella. Mi tía le comparte el secreto que ha descubierto. Mamá se asombra, pero después asiente. Las dos hermanas parecen muy amigas, muy cómplices. Oigo a mamá decir que no se preocupe. Que ella verá cómo hacerme callar para que yo no amenace la paz de nuestra familia...

Salgo de la casa pensando: Ya tengo dieciocho años; soy mayor de edad. Debo tomar las riendas de mi destino. Decido hacerlo.

Le sonrío a un chico que veo en la parada de autobuses; él me devuelve la sonrisa; por primera vez estoy seduciendo a un hombre. Se acerca y me invita una cerveza. Se llama Javier. Es guapo. Nunca antes me había visto; ni yo a él; eso está bien, porque mis amigos habituales no pueden borrar de su mente el aspecto marimacho que mantuve por años, y no les gusto. Pero Javier me mira con ojos nuevos, y le agrado. Quedamos en vernos más tarde. Casi me convenzo de que puedo rehacer mi vida. Digo "casi" porque voy a la farmacia y compro unos preservativos.

Esa noche, luego de unas cervezas y un par de bachatas, lo beso. No hay miedo a las caricias ni a los abrazos, aunque sí frío, mucho frío en mi piel. Javier es agradable, con gran sentido del humor. Quiero usar los preservativos con él. Esa misma noche. Pero él no tiene los mismos planes. Me lleva en su auto dejándome en la puerta de la casa; nos despedimos con un beso suave.

Al bajar del coche me doy cuenta que estoy enojada. Furiosa. Javier me respetó y yo no soy digna de respeto.

Cuando veo su auto alejarse, vuelvo a salir, tomo un taxi que me deja en un bar de mala muerte, entro. Se escucha una canción de "perreo" y comienzo a moverme. Un hombre se me acerca. Está pasado de copas. Pongo ambas manos en su cuello y le bailo, él se aferra bruscamente a mi cuerpo y me llena de besos sucios. Nos acariciamos con perversidad; salimos del bar y vamos a un callejón oscuro. Abusa de mí y yo de él.

Regreso a mi casa pensativa. ¿Por qué lo hice? No lo sé. ¿De dónde proviene esa voz interna que me dice todo el tiempo "no vales nada"?

Apenas entro a mi cuarto me quito el vestido corto y me pongo tres pijamas. Afuera hace calor, pero a duras penas mitigo el frío congelante de mi piel. Me siento afiebrada, con sofocos y escalofríos; abrazo mis rodillas en posición fetal y cierro los ojos tratando de desdoblarme. No lo logro. Soy como un ave con las alas llenas de lodo. Ana, la niña dulce y limpia que se mantenía a salvo volando por los aires, ahora está en el cuerpo gastado de Sofía. Un cuerpo mancillado que detesto.

Soy Ana Sofía. No tengo pasado ni futuro. Y duermo con la luz prendida.

Pasan los días en un lento fluir de irrealidades. Me inscribo en la universidad. Elijo la carrera de letras. Aprendo a refugiarme en redacciones dolorosas. Una asesora escolar lee mis escritos y me manda llamar. Me dice que quiere ayudarme. Parece haber descubierto mis secretos. Eso me aterra. Yo no puedo ser ayudada. Ni quiero. Solo anhelo vengarme. ¡Pero no sé de quién!

Javier me busca. Lo rechazo.

Por las noches ya no suena el picaporte del cuarto, en cambio, un nuevo ritual comienza a ocupar las horas de la luna: Salgo a pasear, a bailar, a cenar con desconocidos y *luego busco con ellos un lugar cualquiera. Autos, baños, cuartos de hoteles, y les comparto un poco del demonio que me quema. Después de esas entregas corporales apresuradas, me regaño, me torturo con insultos y reclamos. No entiendo por qué me doy a esos hombres que me llenan de más huellas y ponen su sello orgánico en mi cuerpo...*

Estoy cansada de la soledad, de la cama helada (en la que me congelo) y sufro pesadillas; mi almohada es de piedra y odio tener tantos moretones provocados por la brusquedad anónima de los encuentros furtivos.

¿Y Javier?, Javier me ama, Javier me quiere tal como soy (aunque en realidad no tiene ni la más remota idea de cómo soy). ¡Valora lo que pienso!, ¡cree que hay un cielo escondido en mis ojos! Eso dice. Me mira como se mira a un ser humano (no a un producto de consumo), a alguien valioso, con dignidad. Yo no estoy acostumbrada a una mirada así. Y levanto una barrera entre nosotros. Lo rechazo. No le doy oportunidad. Si embargo, pienso en él todo el día. También en las noches cuando me dilapido en un callejón o en el asiento trasero de un auto, pienso en Javier.

Mi rechazo constante lo hace enamorarse más de mí. Y yo más de él.

Insiste. Me lleva flores, tarjetas, dulces.

Así que accedo.

El hombre bello *prepara algo especial para la mujer* bestia. *Una cena en su departamento. Planea la noche más romántica de su vida; eso me dice; nunca se imagina que será devorado por un monstruo sanguinario. Tampoco yo anticipo lo que estoy a punto de hacer.*

Todo es perfecto, velas, una suave brisa entrando por la ventana, luna llena.

Suena música suave. Javier me invita a bailar; acepto y comenzamos a movernos al compás de la melodía. Él me besa, recorre mi cuello lentamente. Entonces apresuro las cosas, le arranco la camisa. No entiende. "Despacio mi amor, tenemos toda la noche". No lo escucho. Desabrocho sus pantalones, le quito los calzoncillos, me aferro a su virilidad. Se sorprende aún más; al principio trata de dejarse llevar, pero está desconcertado... después abre los ojos con temor. "No me jales así; me lastimas; ¿qué te pasa?". Lo empujo al suelo, me despojo de la falda y la ropa interior; lo monto y comienzo a moverme rápidamente llevándolo al clímax. Me levanto, voy al baño y me lavo. Regreso. Veo a Javier aún en el piso, sin entender, desilusionado. Le doy la espalda. Voy a la ventana. Se acerca por atrás y me abraza; dice que no importa, que me ama, que con el tiempo aprenderemos nuestra propia cadencia. Yo no soporto su aliento en mi cuello. Doy un grito. La memoria me ha traicionado. De nuevo huelo a cigarrillo, veo en sus manos las manos callosas de mi tío... escucho un tic tac...

Me visto y salgo corriendo.

En mi casa el teléfono suena una y otra vez. Es Javier, que no se rinde, que no acepta mi silencio. Y yo, enmudecida quisiera tener voz para poder gritarle que lo necesito, que no me abandone, que siga insistiendo ante el desafío de ayudarme a borrar estas huellas. Pero él no me oye... y yo me enfurezco llenando mis noches de más y más huellas.

Llega un momento en el que pierdo la cuenta. Ya no puedo recordar el color de la piel ni el aroma de tantas pieles que me invaden. Solo sé que sudan, y me ensucian y me hunden en más y más aflicción.

Mi madre me hostiga demasiado. No descansa en preguntas y reproches, antes por tanta ropa y ahora por tanta desnudez.

Ya no mojo la cama, ni tengo miedo a las noches, pero eso sí, no soporto el sonido del reloj. Ella ha vuelto a comprar uno. Me recomienda que vaya a misa. Que diga mis pecados al confesor. Que me limpie. Como si intuyera mi suciedad. Luego agrega. "Es una obra de caridad dar santa sepultura a los muertos y dejarlos descansar; vive tu vida". ¿Cómo se atreve a decirme eso? Ni siquiera tiene idea de cuán lastimada estoy. De la necesidad urgente que tengo de recibir primeros auxilios en el alma. De la forma en que muero día a día.

> ¿Dónde estás Javier? ¿Por qué ya no me llamas? ¿Por qué has perdido la esperanza de rescatarme? Me encuentro en un pozo oscuro y un dragón me devora, ¿es que no te das cuenta? Tú eres mi príncipe azul asomado en la entrada de la fosa. No te vayas. No me dejes aquí, porque el dragón ha comenzado a triturarme.

Me encierro en el baño con un cuchillo. Que tentador el filo del cuchillo; lo miro, lo abrazo... me seduce su resplandor, su mango masculino. Lo hago rozar mis brazos, mis muñecas y en un ir y venir... presiono; ¡ay!, duele, y veo la marca; ese primer hilito de sangre que comienza a correr por la mano. Una nueva presión, esta vez no hay sangre, solo una huella morada que me dice: "hasta aquí... un poquito más de presión y daré el paso final, la libertad que persigo". Dudo...

Cobarde... Eso soy... No me atrevo...

Escondo el cuchillo y salgo a la estancia vestida de silencio, envuelta en una inocencia ajena, malherida, inexistente. Decido vivir, aunque de sobra sé que estoy muerta.

Dejo mi casa. Dejo la universidad. Me alejo de mis padres y de mi tía.

Mientras más lejos mejor.

En las mañanas duermo; duermo mientras el sol de mediodía intenta colarse por la tela azul que cubre mi ventana.

Despierto, recojo esa ropa interior negra que anoche dejé en el suelo, la arrojo al lavamanos, me echo un poco de agua en la cara, me miro en el espejo; la ducha no podría borrar el maquillaje exagerado de una jornada de mucho trabajo.

He descubierto que los hombres desconectan su cerebro cuando están excitados. Dejan de pensar. Se vuelven animales peligrosos, pero también vulnerables. He aprendido a manejarlos.

Vuelvo a la cama, aún tengo sueño; anoche, noche de sábado, ha habido demasiado movimiento, hoy, será una jornada tranquila. Los domingos son días de clientes fijos, de maridos que han pasado la mañana en la iglesia, la tarde donde los suegros, y en la noche llegan a completar su terapia dominguera descansando sus penas en mi regazo. Ellos, a diferencia de los clientes de los viernes y sábados, no quieren cama, solo que los escuche, que les dedique atención a su patética vida, que oiga sobre los proyectos que jamás llevarán adelante, sobre su nefasta esposa.

Me gustan los domingos, porque los domingos soy un poquito más mujer, un poquito menos puta.

20

La cámara hizo un zumbido y se apagó. Le habían faltado cinco minutos al testimonio de Ana Sofía para terminar. Ella se lamentó como si fuera culpable.

—Ya no tiene batería. Qué pena.

—Está bien—Zoe había olvidado el calor abrasador, distraída por la aflicción emocional que le producía el testimonio de su amiga—. Puedes platicarnos aquí lo que no vimos en el video.

—Fue poco... Solo hizo falta escuchar sobre la triste vida de una mujer que... vende su cuerpo. Te la pasas al filo de la navaja porque muchos clientes son inofensivos, pero algunos... no. Te insultan, te golpean, te obligan a cosas horribles... Claro. Desarrollas un instinto para huir cuando algo pinta mal, aunque no siempre lo logras; porque te engañan. Uno de mis clientes que parecía más inofensivo, me drogó. Se llamaba Ortega. O así decía llamarse. A causa de Ortega me volví adicta a la heroína. Ortega fue mi mayor maldición. Si no hubiera sido por ti, Zoe, que me ayudaste a rehabilitarme...

—Yo no hice nada. Tú querías rehabilitarte, amiga. Solo te llevé a la clínica. Aunque estaba enojada contigo, por la forma en que habías caído; no quería escuchar tu historia. Fui arrogante. Perdóname. Ahora te comprendo. Nunca imaginé cuánto sufriste. Todo comenzó en tu infancia, cuando eras una jovencita inocente.

Ana Sofía percibió la genuina empatía en la voz de Zoe.

—Bueno, tampoco soy un bicho raro. Lo que me pasó a mí le sucede a miles de mujeres. A millones —y habló con la autoridad de quien no solo leyó e investigó sobre el tema durante la carrera de filosofía y letras (que dejó truncada) sino de quien experimentó los atenuantes y agravantes del estigma en carne propia—. Cada tres segundos una niña es violada en América. ¡Casi cuatro de cada diez mujeres han sufrido violencia sexual! El crimen mundial más lucrativo y extendido, después de la droga, es el comercio sexual: prostitución, pornografía, trata de personas, venta de mujeres y niñas. ¿Te puedes imaginar el daño moral y psicológico que ocasiona todo eso a la raza humana?, ¿puedes calcular la cantidad de fantasmas que se mueven en las relaciones de pareja y todos los demonios que viven en las familias por esa causa?

—Eso no se puede evitar —Mireya intervino en la conversación en tono fatalista—, el crimen es parte de la naturaleza del hombre. Vean las noticias de todos los días: delincuencia, asesinatos, corrupción, atentados terroristas y matanzas de inocentes. La humanidad siempre busca formas de destruirse. No me lo pueden negar. Nosotras mismas estamos aquí por eso. Vivas temporalmente mientras los secuestradores no decidan descuartizarnos, o mientras no tengamos otra depresión profunda y decidamos quitarnos la vida. La humanidad está podrida, amigas; su naturaleza es asesina y suicida.

Las palabras de Mireya ya no tuvieron eco en el ánimo de Zoe ni Ana. Quizá porque ambas habían experimentado el alivio de la catarsis y veían su pasado desde otra perspectiva.

Zoe trató de rebatir, aunque su voz sonó arenosa.

—Yo pienso diferente. La raza humana ha evolucionado; ha aprendido de los errores. Hoy en día no se queman brujas en hogueras, no se decapitan rebeldes, no se apedrean personas de color, no se lanzan bombas atómicas, ni se asesinan gays.

—¡Pero existe el instinto de autodestrucción! ¿Sí o no? ¡Caray! ¿Estás ciega? No te hagas pasar por santa. ¡Míranos!

—De acuerdo —Zoe sacó energía de donde cada vez había menos—. Fue muy extraño que las tres hayamos tocado fondo justo el mismo día... Y fue más extraño aún que después de esos intentos de quitarnos la vida, nos hayamos puesto de acuerdo para insistir en hacerlo. Pero el altruismo heroico del que hablabas cuando nos vendiste la idea de pasar a la historia como Gandhi, Mandela o Teresa, era una gran incoherencia. Nuestro plan jamás iba a funcionar porque en el deseo de dar la mano a otros está implícito el anhelo de vida.

Ana Sofía apoyó la moción.

—Yo pienso lo mismo —su tono de voz era mucho más taxativo—. La raza humana siempre encuentra la manera de salir adelante y abrirse paso; dejar huellas y caminos para que los que vienen atrás no cometan los mismos errores.

—¿A, sí? —Mireya contraatacó—. ¿Y cómo encontraste el camino *tú*, después del abuso sexual? No me digas que triunfaste. En realidad te volviste una... —se interrumpió.

—¡Dilo!

—Ya sabes.

—¿Prostituta?, ¿extorsionadora?, ¿drogadicta? Es verdad. Tienes razón. Fui arrojada al lodo y no pude levantarme por años; en vez de eso, me revolqué ahí. Pensé en morir muchas veces. Pero hoy he cambiado de opinión. También se vale ¿no? En este encierro me he dado cuenta de que tengo mucho que dar. Quiero decir un mensaje a la humanidad en vivo y a todo color, ¡no por video!

—Ay, sí —Mireya usó una descarada gama burlona—. ¿Y qué quieres decirle a la humanidad, si se puede saber? ¿Vas a postularte para el Premio Nobel de la paz? —empezó a forzar una carcajada—, ¿o vas a pedir el micrófono en la ONU?

—No lo sé. A lo mejor voy a hablar en las calles, en las escuelas, en las organizaciones de mujeres. No tengo idea aún, pero diré que el abuso sexual puede y *debe* evitarse. ¿Saben cómo comenzaría mi mensaje? Empezaría por las familias. Ahí está la clave... La mía fue un caos... Mis tíos vivían prácticamente con nosotros. Eso no debió suceder... y mis padres jamás tuvieron una relación suficientemente cercana con sus hijos.

—¿Entonces —Mireya respondió en un tono que intentó ser indulgente, pero siguió sonando acusador—, culpas a tus padres de que a ti te violaron a los catorce años?

—Para ser exactos, mi tío comenzó a manosearme desde que yo tenía diez; me violó a los trece; siguió haciéndolo dos veces por semana hasta los diecisiete. Y claro. Si mis padres lo hubieran detectado, la historia hubiese sido otra. Pero ellos ni en cuenta.

Mireya intentó seguir polemizando entre frases sarcásticas y gestos histriónicos. Zoe la detuvo.

—Basta. ¿Qué te sucede, Mireya? Nosotras no somos tus enemigas ni estamos aquí para hacernos burla. Ya cálmate, por favor. Sé que esta situación puede sacarnos de quicio, pero debemos guardar nuestras energías. Quién sabe cómo las podamos necesitar al rato.

Su regaño tuvo efecto casi inmediato; Mireya dejó de reírse.

El foquito del auto se apagó. Quizá se había agotado la poca batería del vehículo. Estaban de nuevo a oscuras.

—No puede ser —se lamentó Ana—. ¿Qué hacemos?

—Cierra los ojos Ana Sofía. Con luz o sin luz estamos encerradas en el mismísimo lugar.

—Por aquí dejé el encendedor —palpó alrededor de ella. Lo encontró.

Volvió a anudar otro pedazo de tela y la remojó en la gasolina del suelo.

—Haré una antorcha más pequeña —dijo como disculpándose—. La pondré lejos. Les prometo que no nos hará daño.

Pero esta vez la bola de material impregnado con combustible generó una gran llamarada. El cuarto volvió a iluminarse. Un hilo grueso de humo negro se elevó.

—Apaga eso. ¡Pronto! —Mireya estaba descompuesta—. Podemos incendiarnos. Aquí tal vez haya vapores de gasolina. ¿Puedes imaginarte lo que pasará?

—Déjenme en paz.

—El cuarto se está llenando de gases tóxicos —insistió la pelirroja.

—¡Exageras! Yo no huelo a nada.

Zoe intervino.

—No hueles porque tu olfato se acostumbró; Ana Sofía, ¡date cuenta! Ya no hay oxígeno. El aire está completamente enrarecido. La prueba es que cada vez nos sentimos más somnolientas.

—¡Estamos somnolientas porque no hemos dormido!

—Pues si seguimos haciendo combustiones vamos a dormir para siempre. Tú ya no quieres eso. ¡Lo acabas de decir! Vas a hablar en las calles y en las escuelas sobre cómo se puede evitar el abuso sexual.

—Púdrete. No uses mis propias palabras para atacarme.

Era impresionante la forma en que la misma mujer podía portarse con tanta coherencia en un minuto, para convertirse en la persona más intransigente en otro.

Mireya se puso de pie y se abalanzó sobre la rubia. De un manotazo le tiró la antorcha. Comenzó a pisotearla. Ana reaccionó despavorida.

—¡No! —le cayó por la espalda a Mireya. Rodaron por el piso. Se jalonearon el cabello y lanzaron al aire una lluvia de golpes. Algunos acertaron.

Zoe las separó.

—¿Qué están haciendo? ¡Deténganse!

Ana se arrastró hasta la esquina y comenzó a suplicar.

—Por favor no apagues la antorcha.

Zoe se dio cuenta de que la personalidad de su amiga cambiaba por completo, para mal, cuando se sumergía en las tinieblas.

—Está bien. Dejemos lo poco que queda encendido. ¿De acuerdo Mireya?

—Me da lo mismo. Por lo que veo, vamos a morir de todas formas... Los secuestradores que nos encerraron aquí tenían el propósito de matarnos (¡no sé por qué!), y se van a salir con la suya.

—Yo tampoco lo entiendo —a pesar de su delgadez, Zoe seguía sudando—. Esto es lo más incoherente que me ha sucedido en la vida... Caray. El calor es sofocante... todo el cuerpo me pesa.

—Es la intoxicación. Nos estamos muriendo —Mireya había perdido por completo la figura beligerante; diríase que razonamientos vergonzosos la habían hecho bajar la guardia al grado de parecer disminuida—. Yo fui la que les dije que debíamos suicidarnos. Pero no hablaba en serio.

—¿Qué?

Los dedos de Mireya se trenzaron en una mueca de plegaria expiatoria.

—Ana, voy a hacer una confesión; lo que dijiste hace rato sobre mi dolor de estómago es verdad.

—¿Cómo?

—Lo fingí.

—¿Fingiste el dolor? —Zoe recibió una descarga de adrenalina que la espabiló—. ¿Por qué?

—Lo siento.

—A ver. Momento —recapituló—. ¡Tú te quejabas del estómago desde que entraste a la casa anoche! ¡Antes de que llegaran Ana, y Pilar! Me pediste agua; luego sacaste unas nueces rancias de la alacena. ¿Anoche, desde el inicio, estabas fingiendo un cólico para no tener que dar tu testimonio?

—Perdónenme —la luz mortecina de la pequeña antorcha emitía sus últimas llamitas tenues y generaba sombras danzantes que le daban al rostro de Mireya un tono cadavérico, casi fantasmal—. Efectivamente yo no quería hablar frente a la cámara. Todo lo planeé así.

—¿De qué hablas? —Ana Sofía se incorporó—. ¿Lo planeaste?

—Las cosas se salieron de control.

—¿Cómo que se salieron?

—Pero sí escribí mi testimonio. Ustedes lo vieron. Lo dejé sobre la mesa de la casa. Son tres cuartillas.

—¿Qué nos importa si escribiste o no tu testimonio? ¿Cuál era tu plan? ¿En qué lío nos metiste?

Mireya ya no podía desandar el camino. Aunque se veía vacilante, como quien se aventura a meterse a arenas movedizas, siguió adelante.

—Esto del suicidio colectivo fue una trampa. Quería que ustedes dos se suicidaran... pero yo no planeaba hacerlo.

21

Zoe se ofuscó a tal grado que no pudo pensar. ¿Mireya, su amiga del alma había intentado asesinarlas? Repasó la noche anterior: Mientras Ana Sofía y ella grababan, Mireya había permanecido en la sala, recostada por los supuestos cólicos, ahí donde estaban las cartas de suicidio y la bolsa con anestésicos. ¿Mireya había aprovechado la distracción de sus amigas para cambiar el contenido de uno de los frascos y prevenir así que, llegado el momento, ella sobreviviera?

No podía ser verdad. Tenía que haber otra explicación.

—Jamás lo hubiera imaginado de ti —Ana se levantó de un salto y se fue de frente como dispuesta a escupirle a Mireya—. ¿Inventaste todo para matarnos? ¿Por qué? ¿Cómo pudiste?

—Fue una idea tonta —su tono defensivo sonó casi a súplica.

La última antorcha se estaba extinguiendo.

—Desde el restaurante —Ana gritaba—, la historia de Gandhi, Mandela y la madre Teresa... ¿eran parte de tu embuste? ¡Mireya yo te creí! Pensé que te habías vuelto una idealista capaz de dar su propia vida para hacer una diferencia en el mundo. Tu propuesta sonaba ridícula, ¡pero te creí! ¡Carajo, te creí! —se limpió una lágrima de rabia—. Maldita. ¿Qué vas a hacer ahora? ¿Piensas matarnos de todas formas? ¿Has estado fingiendo que sufres y te asfixias aquí dentro con nosotras? ¿Sabes cómo salir y no nos lo has dicho?

Mireya tenía ambos brazos levantados como un soldado que se rinde ante su captor o un torturado rogando piedad.

—No. Ana —balbuceó—. Necesito que me escuches... Lo que planeé fue una tontería. Jamás iba a poder llevarlo a cabo. Me di cuenta desde anoche, cuando las escuché hablar frente a la cámara... Sí. Tenía pensado cambiar los frascos de droga, pero no lo hice... De hecho aquí están. Los traigo conmigo. Pueden analizarlos. Los tres son idénticos... Fue solo una idea estúpida...

Ana apretó los dientes. Caminó en círculos. Comenzó a toser. El aire en los estratos superiores del garaje era irrespirable. Siguió tosiendo. Pateó el auto. Luego fue a la cortina de metal y comenzó a golpearla con el puño hasta lastimarse.

—¡Auxilio! ¡Ayúdenos! ¡Sáquenos de aquí! —su tos se había vuelto un acceso de asma.

Zoe estaba petrificada, en el suelo, recargada a la pared.

—¿Por qué, Mireya?

—No van a entenderme.

—¿Dices que todo está explicado en las hojas que escribiste? —Zoe subió el volumen de su reclamo pero no se puso de pie—. ¡Danos el maldito resumen! ¿Por qué planeaste matarnos?

Ana seguía tosiendo en arcadas fatales. Luego se tapó la boca con ambas manos unidas en forma de jaculatoria para tratar de recuperar la calma. Era inútil. El calor la mataba. Se estaba asfixiando.

—Ana Sofía, contrólate. Siéntate, respira despacio —Mireya quiso congraciarse—. Déjenme explicarles.

—¡No! —Ana regresó como un felino enfurecido, y esta vez soltó un golpe a la cabeza de Mireya con el puño cerrado. Le pegó en seco. Mireya volvió a encogerse. Ana repitió el ataque. Esta vez falló.

—¡Detente! —Zoe se interpuso.

Ana siguió de largo; fue detrás del auto y dejándose caer de bruces trató de expulsar todos los vapores contaminados que había inhalado. Tosió hasta vomitar. Zoe y Mireya se acercaron a ella, gateando.

—¿Estás bien? Ana, relájate. No ganas nada con esto.

—Ella nos matará —logró expresarse entre arcadas de tos y vómito—. Zoe. Date cuenta.

—No, nunca —Mireya suplicaba—. Ana Sofía. Te equivocas. Escúchame... No estamos aquí por culpa mía...

Habían llegado a un punto extremo de confusión y psicosis. Si no estaban ahí por culpa de ella, ¿entonces por quién?

Esta vez fue Zoe la que lanzó un balde de agua fría al ánimo de sus compañeras.

—Yo sé por culpa de quién.

Ana seguía jadeando, pero volteó a ver a Zoe.

—¿Lo sabes?

—Sí, he estado pensando. Creo que fue Pilar quien le pagó a esos maleantes para que nos encerraran.

—¿Pilar? —Mireya estiró el cuello como tratando de tragarse una grajea—. ¿Por qué haría eso?

—Porque es una mujer muy fuerte y decidida para ayudar a quienes lo necesitan.

—¿Ayudar? ¿Ella quería ayudar? ¿Quieres decir que *sabía*?

—Sí —Zoe habló intercalando las palabras con resoplidos—. Yo también quiero confesarles algo. Les mentí cuando aseguré que Pilar no estaba enterada de nuestros planes. Sí estaba. Yo se los platiqué. Y ella se asustó mucho. Pero accedió a hacer la grabación de las historias. Quizá en cuanto salió de la casa, nos mandó recluir aquí para obligarnos a reflexionar. Era lógico. El encierro, la oscuridad, la falta de aire, la claustrofobia... todo eso nos haría darnos cuenta de la estupidez de suicidarnos. Esto ha sido como decirle a un tipo que se la pasa amenazando con darse un balazo "aquí está la pistola, corta cartucho, dispárate de una vez y deja de jugar con eso". Yo desperté en ese closet siendo una, y ahora soy otra. Por supuesto que no quiero quitarme la vida. De ninguna manera. Y ustedes tampoco.

Ana había logrado equilibrar sus inhalaciones, pero seguía agachada a cuatro patas. Bufaba como animal herido.

Mireya encontró un asidero para dialogar civilizadamente.

—Me parece muy raro que Pilar haya hecho eso con nosotras. No suena creíble. Pilar parece una buena mujer. Para hacer algo así se necesita maldad y contacto con gente muy violenta. Además, cuando Pilar salió de la casa, eran las doce de la noche. Ahorita son las dos de la tarde. Hemos estado catorce horas aquí adentro. Si ella hubiera querido darnos una lección ya nos hubiera abierto la compuerta. De otra manera, en poco tiempo más vamos a terminar asfixiadas.

—Yo no voy a morirme aquí... —dijo Ana levantándose del suelo—. Ya dejen de hablar. Tenemos que hacer algo. Zoe. Dijiste que cuando chocaste, tu auto siguió andando. Dijiste que después del choque sacaba humo, olía a quemado, pero continuaba en marcha y tuvieron que girar la llavecita del encendido para apagarlo. ¿Por qué no lo enciendes y metes la velocidad y aceleras a fondo para tirar esa mugrosa cortina de metal?

—No tiene llantas. Está desvencijado por debajo.

—Probemos.

—¿Y si explota?

—¡Probemos!

—No tiene batería. Ya viste que la luz interna se apagó.

—¡Maldita sea! ¡Probemos!

Zoe se subió al habitáculo del vehículo sin quitar los fragmentos de vidrio que había en el asiento. Giró la llave. Para su sorpresa, la marcha del auto comenzó a hacer el ruido incesante del motor que trata de encender sin éxito. Dio varios bombazos al pedal y volvió a intentarlo. El ruido se lentificó poco a poco hasta cesar.

—¿Lo ves? No tiene corriente. Ni gasolina.

Ana Sofía gritó como lo hacían las hordas de bárbaros en la edad media antes de atacar un pueblo. Abrió la cajuela del auto y buscó en el interior con desesperación. Halló el gato. Lo desatornilló y lo blandió como hacha. Fue a la puerta del garaje y comenzó a golpearla en un costado, donde sabía que debía estar uno de los pestillos exteriores. La cortina de metal soportó el embate de forma estoica, pero el canto de cemento se despostilló dejando un agujero del tamaño de una naranja. La luz exterior entró franca por ahí.

Ana se agachó y acercó la cara al agujero.

Inhaló una bocanada de aire fresco.

—Sí... Gracias —inspiró de nuevo—. Mientras respire estoy viva. Mientras respire, tengo algo que decir. Mientras respire, tengo una misión que cumplir. Mientras respire, tengo derecho a existir...

Siguió inhalando. Después se apartó de la abertura para invitar a sus amigas a llenar los pulmones también.

Zoe se agachó, pero apenas iba a acercarse a la resquebrajadura, recibió una visión que le robó el aliento y la dejó en shock.

Afuera. Del otro lado de la puerta, un ojo pequeño la miraba.

Era el ojo de un niño.

22

El estremecimiento ante esa imagen la hizo tragarse un alarido. Tal vez alucinaba. ¿Sería posible?

El ojito a través de la abertura del garaje la seguía explorando.

Permaneció agarrotada, muda por varios segundos eternos al verlo; entonces el ojo parpadeó y Zoe se dio cuenta que era real.

Logró moverse y comenzó a gritarle al pequeño.

—Niño. Por favor. Llama a tus papás. Busca a alguien. Estamos aquí encerradas. Queremos salir.

El ojo desapareció, y a los pocos minutos la voz de una mujer exclamó desde afuera.

—¿Hay alguien ahí?

La algarabía en el interior fue estrepitosa.

—¡Sí!

—¡Aquí estamos!

—¡Ayúdennos!

Las tres gritaron, pero tenían la garganta desgarrada y sus voces sonaban muy débiles.

—¡Dios mío! —se escuchó desde el otro lado; era la vecina—. ¡Dios mío! ¿Qué hago?

—¡Los pestillos! Están a los lados. Como a un metro de altura. ¿Tienen candado?

—No.

—¡Destraba los seguros!

—Ya. Ahora voy a tratar de abrir la cortina levadiza —gimió—. Pesa demasiado. No puedo. Voy a pedir ayuda de alguien más.

No hizo falta. Las tres mujeres desde el interior usaron todas sus energías restantes para levantarla. El movimiento de la puerta fue brusco y fragoso. La rescatadora dio un paso atrás, asombrada por la escena inverosímil que apareció ante sus ojos:

Dentro del garaje había un auto desecho, con los vidrios rotos, las llantas dislocadas de los ejes, goteando restos líquidos sobre un charco amorfo. A un costado, cajas y cajas volteadas al revés, montones de objetos: baratijas, maletas, papeles; restos de fogatas extintas y bolas de tela quemadas... El aire del interior, gris, enviciado por una neblina sucia. Y (lo peor) las mujeres que salían de ahí, sin ropa en la parte superior del cuerpo, empapadas de sudor, pálidas como muertas andantes, con las bocas secas y los ojos hundidos, llenas de grasa, hollín, lágrimas, mocos, vómito; dándole gracias a un Dios en el que antes no creían, tirándose al suelo a llorar desconsoladas y levantándose después con los brazos abiertos, para respirar. Respirar hondo.

—¿Eres tú, Zoe? —La vecina estaba espeluznada; su hijo se escondió detrás de ella—. ¿Qué haces ahí? ¿Qué les pasó?

El niño salvador, no esperó la respuesta; incapaz de soportar la proximidad de esos entes con formas de mujer, corrió a buscar el apoyo de alguien más. A los pocos minutos comenzó a llegar gente. Mucha. Uno llamó a la policía, otro a los bomberos y alguien más a la cruz roja.

La casa de Zoe se sentía más acogedora que de costumbre. Ni los adornos de Rosalba ni la artificiosa pulcritud de una mansión que guarda en las paredes los dolorosos secretos de sus habitantes, parecían ahora cuestionables. Todo lo contrario. Era una casa impecable, bien iluminada y con aire limpio; muy limpio.

Zoe fue la última en meterse a bañar. Sintió el placer del agua cálida recorriendo su cuerpo, lavándola de temores. Estaba viva. Con ganas de luchar de nuevo, pero aún con dudas e incertidumbres. No lograba comprender lo que había sucedido... Jamás había vivido una pesadilla como esa en carne y hueso. Era como si hubiese caído a un desfiladero fatal para ser detenida por una red invisible medio metro antes de estrellarse.

Recordó las frases sueltas y ridículas de la multitud que se apiñó alrededor de la ambulancia.

—Las secuestraron.

—Llevaban varios días ahí dentro.

—Las torturaron.

—Las violaron.

—Las drogaron.

—Fueron víctimas de terroristas.

Los paramédicos les tomaron la presión y estabilizaron sus signos vitales; les dieron electrolitos y cuando comprobaron que ninguna de ellas estaba en estado crítico las hicieron pasar a la siguiente jurisdicción. La policía las apartó de los curiosos para pedirles declaraciones. Sin ponerse de acuerdo, las tres manifestaron lo mismo:

"Unos sujetos encubiertos entraron a la casa anoche y nos sometieron con cloroformo o algo parecido, para después encerrarnos en el garaje."

Ninguna habló de sus planes de suicidio ni de las serias sospechas que tenían hacia Pilar.

Después llegó un investigador acompañado de personal especializado. Mireya se aseguró de guardar muy bien (y no dejar que descubrieran) la bolsa con droga que pensaban usar.

Los inspectores pasaron a la casa, tomaron fotos y muestras de las posibles huellas digitales. Los ladrones habían esculcado a toda prisa roperos y cajones llevándose algunos aparatos eléctricos y joyas. Parece que el móvil fue ese. Un vulgar robo.

La policía preguntó por qué había un set de iluminación y fotografía en el vestíbulo. Ellas dijeron que estuvieron grabando videos promocionales para subir a Internet. No mintieron.

Al fin, cerca de las siete de la noche, policías y curiosos se retiraron y ellas pudieron descansar.

Desde que se quedaron solas, evitaron dirigirse la palabra más que para lo esencial. "Usa el baño de visitas". "Toma el vestido que quieras". "Aquí dejo un par de toallas".

Ya habría tiempo para hablar.

Zoe se dejó abrazar por el agua cristalina de la ducha; permaneció quieta, con la cara hacia el techo y los ojos cerrados. Así estuvo durante varios minutos. No le cupo duda de que la salud se aprecia mejor después de la enfermedad. Podía estar toda la noche ahí, disfrutando la sensación de paz que le regalaba el sentirse viva.

Cerró la regadera y se vistió.

A diferencia de la noche anterior, eligió buena ropa; bien combinada. No quería parecer decrecida cuando llegara Pilar, o cuando tuviera que discutir con sus amigas.

Sabía que las cosas no habían terminado. Pilar prometió que las vería a las ocho.

Salió a la estancia principal. Mireya estaba preparando una jarra de limonada. Ana, en el balcón de la sala había abierto los enormes ventanales de par en par.

—¿No tienes frío?

—Nunca he disfrutado tanto el frío.

—Vamos a sentarnos. Tenemos que hablar.

—¿Puedo dejar las ventanas abiertas? ¿Por favor?

La petición de Ana estuvo cargada de indefensión infantil.

—Claro, amiga. Esta es tu casa.

Fueron a la sala.

—Mireya ¿puedes venir?

—Ya voy —terminó de hacer la limonada, sirvió tres vasos, los juntó para enlazarlos con ambas manos y llevarlos a la mesa de centro.

—Tienes mucho que explicarnos.

Asintió.

—Lo haré. Pero con una condición.

—¿Qué? —Aunque Ana quiso ser amable, su pregunta sonó beligerante.

—Tienen que oírme con la misma paciencia con la que se escucharon entre ustedes y yo las escuché. No les puedo decir por qué pensé en tenderles una trampa de forma simplista. Hay demasiado en el fondo que deben conocer... de otra forma jamás me comprenderían.

Zoe miró el reloj.

—Tienes unos veinte minutos para que te explayes antes de que lleguen Pilar y Roberto.

—Si es que llegan. Tal vez ni se aparezcan.

—Lo dudo —dijo Zoe—. Sé que vendrán. Aunque ellos nos hayan metido al garaje, querrán aleccionarnos o hacerse los desentendidos y comprobar el resultado. Necesitarán saber en qué terminó todo.

—De acuerdo —Mireya resopló disponiéndose a hablar, cuando se escuchó la llegada de alguien.

Expectantes, permanecieron atentas, sin hablar.

¡Ring! ¡Ring!

Se encogieron como sucede con las personas que sufrieron un accidente automovilístico y tiempo después escuchan un rechinido de llantas.

—¿Quiénes serán?

—Ellos... Pilar y Roberto. Se adelantaron. Les dije que estarían ansiosos por venir.

—Fíjate bien antes de abrir.

23

Zoe observó dos veces por la mirilla.

Abrió despacio.

La periodista y su esposo entraron con gestos afables, pero de inmediato percibieron una exagerada tirantez.

—Los esperábamos hasta las ocho.

—Llegamos quince minutos antes. Disculpen.

Ana y Mireya se hallaban de pie en la sala, sin ocultar el gesto absorto de quien parece estar viendo fantasmas. Zoe, por su parte, bien vestida, con el cabello mojado a causa de la reciente ducha, parecía precavida en exceso; disimuló sus temores.

—Pasen, por favor.

—¿Qué sucede? —preguntó Roberto—. ¿Tuvieron un problema? ¿Todo está bien?

Zoe ensayó un acercamiento al tema.

—Sobrevivimos... Es decir, resucitamos.

—¿Cómo?

—Estuvimos casi muertas. Y sí. Todo está bien. *Ahora*.

Pilar se aproximó a ella con legítima preocupación y la miró de cerca. Habló en un murmullo.

—¿Intentaron hacer lo que... me dijiste?

—No exactamente. Pero alguien quiso matarnos.

Como la voz de Zoe fue todo, menos discreta, Pilar comprendió que el tema debía hablarse abiertamente. Aun así, corroboró.

—¿Podemos discutir el... asunto?

—Tenemos qué.

Pilar caminó hasta la sala con pasos lentos; Roberto la siguió.

—Me alegra verlas vivas... y sanas...

—A nosotras también nos alegra estarlo —respondió Mireya, tajante.

—Trataron de... —Pilar eligió muy bien las palabras para no sonar agresiva—. ¿Quisieron hacerse daño?

Mireya la encaró.

—Ya te lo dijo Zoe. Alguien se nos adelantó para perjudicarnos de forma directa.

—¡Explíquenos eso!

—¿De veras no saben?

—¿Por qué deberíamos saberlo? —cuestionó Roberto—. ¿Qué sucedió?

—No les creo.

Zoe brindó a los recién llegados el beneficio de la duda, pero al hablar los miró a la cara.

—En cuanto ustedes salieron ayer de esta casa, llegaron tres individuos con medias de lycra en la cabeza. Nos amagaron y nos llevaron a la cochera. Estuvimos inconscientes durante tres horas. Luego despertamos. Aprisionadas en el closet del garaje. Sin ventilación. Sin luz. Encerradas por fuera.

—Casi nos asfixiamos —completó Mireya—. Estuvimos ahí catorce horas. Si no fuera porque Ana se volvió histérica y comenzó a gritar y a golpear las paredes con lo que tenía a la mano, y el marco de cemento en la puerta se despostilló haciendo un agujero por el que entró la luz y el aire, y un niño nos descubrió...

Los periodistas tenían la boca abierta. No daban crédito al resumen.

—Lo que dicen es imposible... —balbuceó—, quiero decir, increíble...

—¿Te parece que pudiéramos estar mintiendo?

—No, no. Claro, pero ¿cómo? ¿Por qué?

—Pensamos que tú y tu marido podrían tener alguna explicación para nosotras.

La pareja de invitados se miró. O estaban asombrados de manera legítima o eran excelentes actores.

—No tenemos idea de lo que tratas de decirnos —intervino Roberto—, ¿están insinuando que mi esposa y yo planeamos hacerles daño?

Zoe se sentó al borde del sillón individual.

—¿Por qué no se relajan todos?, necesitamos hablar. Mis amigas y yo estamos muy confundidas. Todavía no acabamos de creer ni de entender lo que nos sucedió. Fue algo terrible. Alguien quería hacernos daño o darnos una lección que jamás olvidáramos.

—Ya veo —Pilar había trocado su postura afable por defensiva—, y piensan que nosotros tendríamos motivos para darles esa lección.

—Exacto.

—¿Y cuál fue, si se puede saber —cuestionó Roberto—, la lección que alguien quiso darles?

Mireya levantó la voz respondiendo con otra pregunta:

—¿Ustedes nos encerraron? Díganos la verdad.

—¡No! —eso debía quedar claro—. ¡Absolutamente no!

—¿Entonces quiénes fueron?

—A ver —Pilar repasó tratando de traducir el jeroglífico—. Tres hombres entraron por la fuerza a esta casa, las sometieron y les hicieron respirar algo para dejarlas inconscientes por un tiempo. Luego se las llevaron de aquí y las metieron en un cuarto oscuro. ¿Robaron algo?

—Sí. Aparatos y joyas.

—¿Ustedes, cómo escaparon de ese cuarto?

—Gritando. Golpeando las paredes. Haciendo un escándalo hasta llamar la atención de los vecinos.

—¿La policía sabe?

—Toda la tarde hemos estado lidiando con curiosos, bomberos, médicos y policías.

—¿Y por qué sospecharon de mí y de Roberto?

Zoe se había arreglado y vestido con propiedad para crecerse en el momento de una discusión. Así que se concentró en parecer determinada:

—Vamos a poner todas las cartas sobre la mesa. Ustedes sabían nuestros planes de suicidio. Yo se los comenté a espaldas de mis amigas. Ayer, se fueron de aquí sin hacer nada al respecto; dejándonos solas a nuestra merced. Si realmente tienen la más mínima conciencia de ayuda al prójimo ¡no concibo cómo pudieron irse a dormir, sabiendo que quizá, en esta casa, tres mujeres se quitarían la vida! Así que eso nos llevó a la hipótesis: Ustedes arreglaron el secuestro para obligarnos a reaccionar y a luchar por nuestra supervivencia. Una experiencia tan traumática haría que cualquiera se aferrara a la vida.

—Ahora entiendo —Pilar también parecía estar lista a polemizar; aunque por la naturaleza de su trabajo, quizá siempre lo estaba—. Tienen razón en cuanto a que no podríamos habernos cruzado de brazos sabiendo sus planes.

Y no lo hicimos. Pero se equivocan al creernos capaces de un método tan vulgar. Yo me la paso promulgando contra la violencia en los medios. Jamás me atrevería a usar la coerción y el terror para generar reacciones. Mi técnica es la exposición de ideas. Roberto y yo somos científicos; intelectuales. Usamos métodos psicológicos. Antes de grabar les dije: "trataremos con sumo respeto todo lo que digan; haremos que sus historias brillen y se conviertan en luz para otras personas". Luego, les pedí un favor específico ¿recuerdan? Les dije: "cuando hablen, no oculten nada, exprésense desde lo más profundo de su ser; no traten de quedar bien o verse bien, sean sinceras y transparentes; lo que va a ocurrir aquí le dará la vuelta al mundo".

—¿Y cómo se supone que eso iba a ayudarnos?

Roberto tomó la palabra. Esta vez se expresó como especialista.

—La fuente principal de energía interna que tenemos los seres humanos, proviene de la autopercepción; quien cree que es importante para otros y tiene algo de valor que dar, se sabe útil y trascendente; no quiere morirse. Por eso les hicimos tanto énfasis en ello. Además, las teorías respecto a terapia de catarsis aseguran que cuando alguien se toma el tiempo y la molestia para hablar a profundidad de sus problemas, desahoga la presión interna que le ocasiona sentimientos destructivos. Por eso, la idea que tuvieron respecto a grabar sus testimonios desde el fondo de su corazón, nos pareció de lo más paradójica. Contradictoria en su propio beneficio: Hacer esas grabaciones, las llevaría a liberarse de la carga secreta y eso las salvaría casi de manera automática.

Pilar complementó los datos de su marido con pronunciación lenta y franca.

—Yo me sentía muy preocupada cuando nos fuimos de aquí. Anoche analizamos los videos y Roberto me tranquilizó; estaba seguro que después del ejercicio, Zoe y Ana no tendrían la determinación ni el valor para destruirse. En realidad, la única que nos preocupaba era Mireya, porque ella no quiso hablar frente a la cámara.

Ana, quien había permanecido callada durante el debate, aprovechó la coyuntura e hizo un comentario acusador:

—De Mireya es de quien menos tenían que preocuparse. Ella no se pensaba suicidar. Pero claro, planeaba acompañarnos hasta el final.

La revelación ocasionó un estatismo espectral.

Mireya apretó los labios y agachó la vista.

—No entiendo —dijo Pilar.

Ana se irguió exacerbada.

—Si se trata de poner todas las cartas sobre la mesa, esto tiene que hablarse. Nuestra amiguita Mireya fue la autora intelectual del asunto en el que Zoe y yo nos enrolamos ingenuamente, ¡pero Mireya en realidad quería asesinarnos!

—¡Eso nunca! —protestó Mireya.

—Bueno, planeaba dejarnos morir, que es lo mismo. Solo de pensarlo se me enchina la piel. ¡Mira que se necesita tener perversidad y sangre fría para algo así!

—Fue una idea tonta —reiteró—. Ya se los dije. Jamás hubiera podido hacerlo. Estaba ofuscada, confundida, muriéndome en vida.

—¿Y cuál era tu beneficio si Zoe y yo fallecíamos?

—Ninguno. Por Dios —repitió—: me di cuenta desde ayer, cuando las escuché hablando frente a la cámara. He pasado por momentos muy difíciles, pero no tanto como ustedes.

La defensa de Mireya seguía sonando endeble ante los fiscales. Ella lo sabía. Así que se puso de pie y alcanzó su bolso en el que había desdoblado y desarrugado varias hojas de cuaderno escritas a mano.

—Pilar, Roberto. Antes de que ustedes llegaran, yo estaba a punto de leer este documento. Es mi historia. Lo que no dije ayer, pero sí escribí para mí... ¿Puedo?

Nadie objetó. Era imperioso que se explicara.

24

Mi nombre es Mireya. Soy contadora.

Comienzo a trabajar desde los dieciocho años.

Mi primer jefe es un hombre maduro. Casado. Jamás pasa por mi mente la idea de ser su pareja. La simple sugerencia me causaría repeluzno. Pero él es muy astuto. Sabe quitar uno a uno los velos de mi corazón; conoce que soy insegura, romántica, inexperta, necesitada de amor. Es muy amable en su trato. Cuando menos me doy cuenta, su piel se ha convertido en una excusa que alimenta mis ilusiones; y la mía en un laboratorio virginal que él explora para hacerme su esclava. Es experto en tocarme, susurrarme al oído y besarme de tal modo que, en efecto, me convierto en su esclava. Acabo viviendo en un pequeño departamento de su propiedad. Suelo esperarlo, ansiosa, después del trabajo; le preparo su tina de agua caliente y esencias para darle masaje. Por un tiempo soy su amante preferida, pero poco a poco pierde interés en mí. Aunque es casado, ostenta abiertamente la poligamia. Me cambia por otra asistente recién llegada a la oficina.

En ese entonces, frecuento mucho a Zoe, mi amiga de la infancia. Ella a veces me acompaña a visitar clientes. Juntas recogemos documentos contables y llevamos declaraciones fiscales. Charlamos de los hombres y Zoe se extasía con las historias que relato sobre cómo mi jefe me hace el amor.

Un día, Zoe y yo llegamos a la empresa de Yuan. Yuan (así le dicen como diminutivo de cariño) es el junior millonario que no hizo nada por ganar su fortuna, pero que la disfruta como el más merecedor. Nieto de un hombre que fundó el mayor emporio de Relaciones Públicas. Yuan se fija en Zoe desde el primer momento. Yo me doy cuenta de la forma en que intercambian miradas y sonrisas. Se gustan. Ese encuentro cambia el destino de Zoe. Mi mejor amiga. A los pocos meses se casa con Yuan.

La vida de Zoe se arregla y la mía se descompone. Una noche me sucede algo horrible: llega al departamento la esposa de mi jefe. Viene con la policía. Me escupe en la cara y me dice "puta". Grita que ese inmueble le pertenece porque su marido y ella lo compraron de recién casados. Me jalonea obligándome a salir de allí. Le pido que al menos me deje tomar mis cosas. Acabo en la calle con dos maletas. Está lloviendo. Llamo a mi jefe; él me recoge y me lleva a un hotel. Pero al día siguiente me despide.

—Te voy a recomendar con un amigo que tiene otro despacho contable.

Quizá le da a su amigo (también casado), otras referencias secretas respecto a mí, porque el nuevo jefe también se dedica a cortejarme apenas llego. Esta vez me defiendo y rechazo toda insinuación.

—Yo vengo a trabajar, le digo. Nada más.

Y me pone a trabajar. Mucho. Horas extras, sin pagármelas. Incluso los fines de semana.

Termino mi carrera profesional y mantengo mi empleo rindiendo el doble que cualquier trabajador. A pesar de ser muy joven, me convierto en una experta en lo que hago.

Cierta noche en la oficina, estoy terminando una depuración y mi jefe nota que estoy agotada; se acerca y acaricia mi brazo esperando, como siempre, que lo rechace, pero esta vez cierro los ojos y me quedo inmóvil. Él aprovecha la oportunidad y sigue tocándome. Estamos solos. Lo dejo avanzar. Luego participo. Hacemos el amor en la oficina. Durante los dos años siguientes me vuelvo su amante furtiva. Decirlo es fácil, pero, en secreto me desprecio. Soy otra vez "la querida", "la concubina", "la asquerosa manceba destruye hogares". Otra vez. *Me lo han dicho. Me lo he dicho yo misma al grado en que he llegado a creerlo.*

Renuncio a ese empleo, pero antes de irme, llamo a la esposa de mi jefe para informarle sobre los pormenores de sus aventuras extramaritales. Es una dulce venganza contra los hombres casados que buscan jovencitas.

Cumplo veintiocho años. Pongo mi propio despacho contable. Visito a los empresarios que conocí para ofrecer mis servicios. Y llego de nuevo con Yuan. Su abuelo ha muerto y su padre se ha retirado.

Me identifico. Le digo que, diez años atrás, yo le presenté a Zoe.

Yuan me invita a pasar a su oficina. Quiero romper el hielo abordando ese tema en común.

—Cuénteme licenciado Yuan. ¿Cómo se porta mi amiga? Hace mucho que no la veo. ¿Es una buena esposa?

—Sí, sí —parece distraído—. Ya no me gusta que me digan Yuan... Solo Zoe lo hace... Es un apodo de mi infancia... Me llamo Juan Manuel. Y háblame de tú, por favor.

—De acuerdo Juan Manuel —me doy cuenta de que estoy pisando terrenos escabrosos—. ¿Zoe está bien?

—Sí. Zoe está bien, pero nuestro matrimonio es un desastre. Lo fue desde el principio. Debí divorciarme de ella a tiempo, antes de que nacieran nuestros hijos.

—¿Por qué? ¿Te fue infiel? Ella no...

—Su engaño fue peor aún. Juró amarme en el altar, y a los pocos meses de casados la escuché hablando con su madre por teléfono. Dijo textualmente "yo no amo a Yuan; ni siquiera lo quiero; digamos que lo tolero; me casé con él por su dinero; ya lo sabes, mamá; solamente por su dinero". Eso me rompió el corazón. Estuve aturdido durante varios días en un proceso de negación; diciendo, "a lo mejor escuché mal; quizá no estaban hablando de mí". Quise comprobarlo y le pregunté a Zoe. ¿Tú te casaste conmigo por mi dinero? Ella al menos fue sincera; no lo negó, pero sonó evasiva. La presioné con gritos hasta que confesó. Al fin lo dijo: "Tu dinero fue lo primero que me llamó la atención de ti; después quise fijarme en otras virtudes tuyas, pero parece que no tienes". Lleno de rabia, le quité chequeras y tarjetas de crédito. Si era dinero lo que quería de mí, entonces no lo iba a tener. Amplié mis horarios de trabajo en la oficina para no verla, y al llegar a casa aprendí a encerrarme en mi estudio a solas.

—Es increíble Juan Manuel —le digo con asombro—. ¿En tantos años no han arreglado esa fisura?

—No es una fisura, Mireya; es un abismo. Yo quería una esposa y ella quería dinero. Ninguno logró su meta. No hay amor entre nosotros. Pero en fin. Esta plática ya se convirtió en terapia de desahogo y tú no eres psicóloga. Eres contadora. ¿Cuál es la razón por la que me visitas?

Lo observo. Juan Manuel es un buen hombre. Lo percibo desde ese instante; al verlo refugiado en su impecable traje azul con corbata roja; allí, envuelto en los mil papeles de su oficina. Y le sonrío, y le doy mi tarjeta. Una torpe propuesta laboral. Y así comienza nuestra amistad.

Me convierto en su contadora personal y en la asesora de su empresa. También en su confidente. Esta vez no hay interés físico de ninguna de las partes. Solo nos deleitamos en pasar horas platicando. Él expresa conmigo todo lo que no le dice a su mujer, lo cual me halaga y a la vez me incomoda. Porque su mujer es Zoe. Mi mejor amiga. Aun así, seguimos citándonos para hablar. Solo eso. Hablar de todo y de nada. Callar y mirarnos para seguir charlando. Él sabe que a mí me importa un bledo su dinero. Y él no da la menor señal de querer seducirme.

Detecto en Juan Manuel a un hombre distinto... respetable, director de una compañía prestigiosa, encargado de organizar la campaña anual del gobierno para recaudar fondos destinados a orfanatos y asilos. Yuan es vocero ante los medios. Tiene una imagen cabal. Orador con carisma. Cientos de niños huérfanos y ancianos dependen de su capacidad de convocatoria. Mientras más conozco lo que hace, más lo admiro.

Juan Manuel... tan solo nombrarlo basta para que el mundo desaparezca y en mi mente surja un espejismo. No lo entiendo. No entiendo por qué comienzo a necesitarlo. Está vivo en mí; lo siento presente en mi mundo... Es solo un cliente y un buen amigo, me digo, pero ¿cómo lo olvido?, ¿cómo me deshago del fantasma de su voz? Quiero borrarlo, necesito borrarlo, por respeto a él, a su esposa, a sus hijos. Por respeto a mí. ¡Yo no debo volver a ser la amante de un hombre casado! No de él. Así que me alejo. Le hago llegar una nota para informarle que, de ahora en adelante enviaré a un mensajero a su oficina para llevar y traer documentos. Que de ahora en adelante así serán las cosas. Punto. No doy lugar a rebatimientos.

Ingreso de nuevo al número masificado de hombres y mujeres que hacen negocios sin verse. Abrazo como única realidad las mediocres horas de oficina grises, las sonrisas obligadas y el beso en la mejilla de quienes siguen una rutina afectuosa que no existe.

¿Por qué lo echo tanto de menos? No logro comprenderlo. La ausencia lacera mis entrañas; mis lágrimas no logran contenerse ante la idea de no volver a charlar en privado con él.

¡Solo estoy protegiéndolo del peligro! Me digo. Él es casado. Casado con Zoe. Desde el principio, las reglas estaban claras; no es válido enamorarse. Hablamos de eso: El ente amoroso solo dañaría la relación. Y yo comprendo la necesidad de sortear las ilusiones. Pero no entiendo por qué me encuentro necesitándolo a mi lado, extrañando la calidez con que su voz y su mirada logran protegerme.

Si Juan Manuel pudiera llegar a ser mío, yo lo querría en exclusiva... nunca sería su amante.

Un día, me habla por teléfono. Esa llamada es la mecha encendida que detona una explosión. No puedo evitarlo.

Me dice:

—Mireya. ¿Por qué mandas a un emisario a mi oficina cada semana? Deja de castigarme. Tu ausencia lesiona mi alma, se me resquebraja la piel ante la idea de no volver a verte. Estoy harto de mi vida, una vida que no recuerdo haber elegido, que no se parece ni un poquito a aquellas imágenes que recreaba en mi niñez, cuando corría por las

primitivas calles de mi pueblo. Me casé con Zoe, una mujer que parecía muy buena, buenísima, y tal vez lo es, pero nunca me amó. Ahora es la madre de mis hijos. Alguien muy importante; sin embargo, no me completa... Tú y yo jamás hemos tenido un roce físico, pero nuestras miradas se entrelazan cada vez que nos reunimos. Es algo extraño, nunca me había pasado. En muchos años de matrimonio no consideré la posibilidad de lanzarme a vivir una historia paralela con otra mujer; soy muy cuadrado, mi conciencia no me lo ha permitido. ¿Cómo soportaría el reclamo de mis hijos, mi esposa y la sociedad que me admira? Sin embargo llegaste tú, Mireya, radiante, bella, llena de poesía en tus cabellos y me sonreíste. Y de repente todo ese mundo de culpas y reglas se tornó absurdo, incoherente... Por favor, vuelve a verme. Tráeme los documentos mañana y quédate después a platicar. Jamás te faltaré al respeto.

Dejo correr el rímel y lágrimas al mismo ritmo. Nadie me había hablado así... Casi estoy segura que mi amiga Zoe tampoco ha escuchado a su esposo hablar así. Tal privilegio es mío. Solo mío.

—De ninguna manera —contesto—, no puedo esperar hasta mañana. Estaré en el parque central dentro de media hora. Ahí te veo. Ahora.

Subo al auto, llego al parque y espero, pero no mucho tiempo. Alguien toca a mi ventana. Es él. Ha soltado todos sus compromisos para encontrarse conmigo. Bajo. Nos abrazamos. Hay un jardín repleto de silencios; caminamos. Antes de decir una sola palabra nos tomamos de la mano. Después nos detenemos a la luz de la luna y nos miramos de frente; luego de tantas palabras dichas en secreto, no hay timidez; la premisa del amor nos evita la vergüenza. Él, por vez primera toca mi cabello. Yo acaricio su mano, que percibo firme, varonil, cálida, más cálida de lo que mi cuerpo puede soportar sin despertar... Hablamos de todo, del fracaso, los cambios y los mil intentos por alcanzar proyectos... no hay secretos entre nosotros. Colmamos de miradas cada instante, hasta que dejamos de hablar y las palabras mueren y nace el beso. Suave, tímido, completo, esperado... beso que tantas veces ha sucedido en mi almohada, en las esperas solitarias de la imaginación fascinante. Estamos juntos... al beso le siguen nuestras manos, los movimientos, la desesperación, y el parque nos quedaba pequeño para tantas ausencias.

—Vamos a un sitio donde podamos estar realmente solos.

—Vamos.

—Tus manos sudan Mireya, no tengas miedo.

—No tengo miedo. Vamos.

Y allí todo toma un nombre...

Comemos nuestros cuerpos. Gastamos las sábanas y hacemos del sudor un paisaje común. Nos apretamos, nos estrujamos, nos tocamos, con la ansiedad de quien tiene en sus manos el objeto deseado y desconocido, con la certeza de que no será eterno. Gastamos los minutos que hacen las horas de esa noche. Bebemos de nuestros cuerpos, pero no logramos apagar su sed. Queremos más, mucho más.

—Quédate conmigo para siempre —me dice.

—No —respondo—. Eres un hombre casado. Y yo no voy a ser tu concubina.

—¿Quieres que me divorcie?

—¿Divorciarte de Zoe? ¿Mi amiga? Ella es demasiado sensible. No merece esta traición. Ni tuya ni mía.

—¿Entonces qué piensas hacer? —me pasas la carga de la decisión.

—Esta noche fue nuestra noche. Quedará en el recuerdo. Nunca se repetirá. Es lo mejor para todos.

Al día siguiente vuelvo a mandar al emisario.

No sé cómo aguanto noventa días sin verlo. Son una eternidad.

Al terminar el tercer mes, acompaño la documentación con una nota de despedida irrevocable.

«Mi despacho tiene demasiados clientes. Temo informarle que a partir del lunes ya no podremos llevar sus asuntos.»

Espero que suene el teléfono esa tarde. No sucede.

Me ha dejado ir. ¡Lo ha permitido! ¡Pensé que protestaría! Que lucharía por mí.

Dos días después, envuelta en una sombra depresiva, acudo a un coctel del Colegio de Contadores. Es su aniversario.

La tarde llega a su fin, el salón se llena, pero, como de costumbre en estos actos, ya llevan una hora de demora.

Discursos, aplausos, y el mundo se colapsa.

Juan Manuel aparece. Se acerca a mí, caminando de frente.

—Sabía que estarías aquí. Vine a buscarte. Te ves preciosa.

—Gracias.

—Me botaste, Mireya. Ya no vas a llevar la contabilidad de mi empresa.

—No puedo.

—Mírame.

—Debo irme.

—Mi preciosa amiga, ¿por qué te escapas?

—Me ha dado gusto verte, Manuel... permiso, que sigas bien.

Toma mi brazo. No deja que me vaya.

—Necesito hablar contigo; hay algo que me persigue desde aquella noche, y ya es hora de decirlo.

—¿Qué pasa?

Se coloca a centímetros de mi rostro, captura mi mirada, una mirada que tantas veces me ha hecho perder la noción del tiempo.

—Quiero otra noche más a tu lado.

—Estás loco. No entiendo por qué juegas así.

—No estoy jugando... necesito, me urge estar contigo; y sé que tú también lo deseas. ¿Por qué escapas a mis ojos? Dime la verdad... ¿has vuelto a sentirte viva en una cama?

—Eres un idiota... no puedo responder eso... ¡me insultas!; tú tienes a Zoe, tu esposa; cada noche puedes tocarla, besarla, llenarte de ella, mientras yo debo besar mi soledad y tu recuerdo... Ahora déjame, debo irme.

—No, espera... regálame esta noche... ¿cuál es el problema?

Roza con sus dedos mis brazos, estremece mi interior, brillan mis ojos. Sé que toda convicción mental es inútil ante su presencia.

—El problema es que eres un hombre público. Das la cara ante los medios para esa campaña que ayuda a huérfanos y ancianos cada año. La felicidad de muchos depende de que

la opinión pública crea en ti; de que parezcas un hombre intachable. No puedes divorciarte de Zoe y tampoco pueden descubrirte conmigo.

—Calla. Vámonos de aquí, no soporto más toda esta ropa que nos separa.

—Eres un necio.

En ese instante su celular nos interrumpe. Es Zoe. Su esposa. Aprovecho para huir. Él apaga el teléfono, corre tras de mí y me detiene una vez más.

—Espera. Estamos hablando, solo contesté una llamada.

—A eso me refiero, quédate en tu mundo y déjame buscar el mío. Ya no podemos trabajar juntos, ni ser amigos, ni estar cerca, porque hay un pequeño detalle que ha dañado todo.

—¿De qué hablas?

—Que me enamoré de ti.

Me jala del brazo y me lleva afuera. No opongo resistencia. Caminamos por la acera hasta un sitio oscuro. Y me besa. Su beso no es suave como el primero, ni matizado de promesas ni coronado de esperas... sino lleno de euforia y desesperación.

—¿Por qué nos hacemos esto? —pregunto.

—Porque no puedo vivir sin ti —contesta—. Porque no concibo la vida sin encontrarme contigo.

—Nuestras citas se han vuelto habituales, continuas.

—Pero cada vez queremos más.

Niego con la cabeza.

—Me he vuelto tu amante. ¿Te das cuenta? Juré que eso jamás sucedería. Antes, estuve con otros dos hombres casados. Ya sabes mi historia. No entiendo por qué me persigue esta maldición. Debo hacer algo por romperla. Yo quiero una familia. Merezco un hogar. Me siento fracasada siendo tu concubina.

—¿Qué sugieres? —su voz suena fuerte, decidida.

—Esta vez hagamos las cosas bien —sugiero—. Pongamos una meta de tiempo. Enfriemos las emociones por un año. ¿Qué te parece? Es un objetivo medible. Doce meses. Que esta vez, de verdad, cerremos nuestro espacio privado por un año.

—¿Y después de ese año, qué? —su pregunta está cargada de legítima consternación.

—Después ya veremos —respondo—. Ya evaluaremos. Pero al menos durante ese tiempo volverás a ser tú. Podrás mirar de frente a la cámara de televisión cuando te entrevisten. Recuperarás la autoridad que has perdido. Te erguirás con el orgullo de ser un hombre sin secretos. Dejarás de esconderte y de huir. Dejarás de maldecir a los periodistas que te persiguen. Volverás a refugiarte en los brazos de Zoe, tu esposa.

—¿Y tú qué harás?

—Sobreviviré.

Al borde de la cama, sostiene en sus rodillas el peso de la culpa. Es lo mejor. Nos miramos, y el alma se nos deshace en el adiós inminente. Ya vestidos, listos para partir, decide hablar.

—Sé mi mujer; sé mi mujer, bebé; déjame vivir contigo todo aquello que creí una utopía, déjame descansar en tu abrazo cada noche y despertar viéndote a mi lado... La reina

que amo está frente a mí en este instante, es esta misma que me mira y me besa... me mira y me abraza... ¿no te das cuenta? Vivo cuando estoy frente a ti.

Me pongo a llorar.

—¿Por qué dices eso? Ya nos estábamos despidiendo.

—Porque es la verdad.

—Tu imagen pública depende de que te vean bien casado... no puedes divorciarte de Zoe, ¿o me equivoco?

—Bueno. No puedo, todavía. En su momento, tal vez. Tú sabes. Ahora hay muchos compromisos.

—Entonces estás torturándome. Me pides algo que no puede ser.

—¿Y por qué no? Seamos creativos. Encontremos una forma.

—¿Y si Zoe muriera?

—¿La piensas matar?

—No. Solo es una teoría.

—Si yo fuera viudo, todo sería muy diferente. Pero eso no va a suceder.

Antes de salir, echo una última mirada a ese cuarto que tantas veces ha cobijado nuestra mentira. Tan solo queda el desorden, las sábanas tiradas en el suelo, dos toallas mojadas... solo huellas de lo que fue una hoguera.

Así comienza nuestro año de separación.

Ponemos reglas. No nos hablamos. No vamos a eventos públicos en los que por casualidad podamos encontrarnos.

Nos borramos de las redes sociales comunes y llenamos nuestros días con agendas saturadas.

Y pasan los meses y me muero en el esfuerzo por no buscarlo.

Por las noches a veces lloro y grito. Me digo «ya no puedo, no puedo vivir a la espera de que algún día aparezca, de que pasen siglos sin que sus labios me duerman con pequeños besos, sin que su mano recorra mi cabello... sin que me mire... no puedo»...

Cuento los días del calendario. Cinco meses, seis, siete. Al octavo mes de separación, ocurre el milagro que tanto he anhelado. Vuelvo a escuchar su voz.

Contesto el teléfono, desprevenida. Es él. Por unos segundos me quedo muda. Luego recupero poco a poco la sangre que había abandonado mi cerebro; balbuceo.

—¿Sí? Dime.

—Mireya. Quiero hablar contigo. Tengo un problema. Necesito tu consejo.

—Habíamos quedado...

—Sí, sí. Ya lo sé... Íbamos muy bien. Llevábamos ocho meses sin contactarnos, pero ha ocurrido algo. Me están extorsionando.

—¿Cómo?

—Caí en manos de delincuentes.

Por un momento no sé si me está pidiendo ayuda para huir o consejo para arremeter. Opto por creer lo segundo.

—Mis conocidos se mueven en el área fiscal —contesto—. Si te están extorsionando busca un abogado penal.

—Mireya, no necesito un abogado. Solo quiero decirte lo que está pasándome. Déjame platicarte los detalles. Estoy en un grave problema.

—¿Qué sucedió?

—¿Tú conoces a una mujer que se llama Ana Sofía? Es amiga de Zoe, y creo que tuya también.

—Sí, la conozco. ¿Qué tiene que ver Ana Sofía?

—Es ella. Ella me está extorsionando.

No logro conectar los elementos en mi mente. Esto es demasiado confuso. Le digo:

—Nos vemos en el Café Holandés, frente al jardín central. En veinte minutos.

El hombre que llega a verme no tiene la misma vitalidad que el súper héroe de quien me despedí ocho meses atrás. Se ve delgado, canoso, con los ojos deshidratados.

—¿Estás enfermo?, pareces muy cansado.

—Cuánta agresión. Primero salúdame, ¿quieres?

Lo abrazo y me abraza. Mi cuerpo percibe el calor agradable del suyo. Solo quiero fundirme en él, desaparecer en él. Pero esta vez él no siente lo mismo. Me empuja cortésmente para obligarme a separarme. Luego se queda quieto, como un muñeco de cuerda desvencijado.

—Siéntate. Pidamos un café.

—¿Qué te sucede?

—Te extrañé mucho, Mireya... Fue muy difícil al principio. Después de tenerte, ya no me apetecía estar con Zoe.

—Difícil al principio —remarco—, o sea que ya lo superaste.

—¿Tú no?

—Más o menos. ¿Qué sucedió?

—Me acosté con otra mujer.

—¿Ana Sofía?

—Sí.

—¡Pero desapareció del mapa hace muchos años! ¿Cómo tuviste acceso a ella?

—Vivió en mi casa. Zoe la invitó como huésped. Ana Sofía es muy atractiva. Casi perversamente seductora. Y yo había vivido ocho meses de abstinencia. La piel de mi esposa no me calentaba. Su cercanía no me cobijaba.

—¿Así que vienes a echarme la culpa de que te acostaste con Ana?

—De ninguna manera. Lo hice conscientemente; sabiendo los riesgos. Pero ella me grabó. Se grabó a sí misma. Filmó la escena en que teníamos sexo. Luego me envió una copia del video y me dijo que si no le daba lo que ella quería, enviaría el archivo a las televisoras.

—¿Quiere dinero?

—Sí. ¡Pero para Zoe! También me advirtió que si volvía a ver sufrir o llorar a Zoe por mi culpa, haría público el video.

—O sea que...

—¡Exacto! Ya adivinaste. Las condiciones y exigencias de la extorsión rebelan quién está detrás de ella.

—Zoe.

—¡Sí! Mi propia esposa me está extorsionando a través de su amiga. ¡Usando a su amiga!

—¿Y qué piensas hacer?

—Largarme. Pagar y proteger mi imagen. ¿Ella quiere dinero y una casa? Se lo daré. Pero no me tendrá a mí.

—¿Y tus hijos?

—Mis hijos no me tratan con respeto ni me buscan. Son muy independientes. Tampoco quieren a su madre. ¿Quién podría quererla? Zoe es una bruja traicionera.

—Así que te vas.

—Sí. Al otro lado del mundo —hace una pausa; espero que lo diga; parece obvio; es la frase complementaria a su discurso. "Quiero que vengas conmigo". Pero su boca no la articula. En cambio sentencia—: Vine a despedirme de ti. Esta vez no por un año.

—¿Y yo dónde quedo?

Opta por darme un consejo paternal.

—Comienza de nuevo, Mireya. Igual que yo. Lo nuestro está muy contaminado. Eres amiga de Zoe y de Ana. Si ellas descubren que tú y yo somos pareja, acabarán conmigo y con mi empresa. Voy a dejar este país e iniciaré una sucursal internacional en otro.

Mis ojos se llenan de lágrimas. Sus planes no me incluyen.

De pronto pienso que nuestro amor fue una imagen que creé en mis soledades. Juan Manuel, con esa historia tan acomodada, tan propia de gran hombre... yo, con mis capítulos de fracasos y esperas, con tantas ilusiones y decepciones en silencio... Quizá nada de esto fue real.

—Está bien —trato de parecer serena—. ¿Qué necesitas de mí?

—Que me recuerdes como el hombre que fui cuando estuve en tus brazos.

—¿Cuándo te irás?

—Muy pronto.

Pasa por mi mente la idea de ir a mi casa, encerrarme en el baño y tomarme un frasco entero de barbitúricos. O mejor aún que sean Zoe y Ana quienes lo tomen... Ellas representan las barreras que me separan de él... Al menos eso dice él... Pero como mis amigas seguirán viviendo, comprendo que no podré rescatar mi existencia vacía.

He sido amante de tres hombres casados. Eso nunca estuvo en mis planes. No lo quise así. No lo propicié. Solo sucedió. Y los tres me usaron y me desecharon. Pero el último adiós me duele hasta los huesos; me carcome la esencia misma del alma.

Juan Manuel sale del café y me deja llorando. Agonizando.

Él sabe de mi muerte inminente.

No voltea la vista atrás.

25

Zoe agachó la cara para evitar que las lágrimas dejaran al descubierto su intenso dolor. Sufría por Yuan, el hombre a quien no supo hacer feliz. Sufría por Mireya, la mujer que amó a su marido más que cualquiera en la vida, y sufría por ella misma, la esposa que jamás experimentó (ni imaginó que existieran), esos niveles de pasión.

Mireya había dejado sobre la mesa las hojas escritas con el testimonio que acababa de leer e hipaba abiertamente, dispensada al fin de esa tensión que tantas noches la hizo morder la almohada.

Esta vez, Pilar se abstuvo de dar consuelo rápido. Se refugió discretamente en Roberto y buscó su mano.

Zoe hizo el movimiento que los demás solo pensaron factible y conveniente. Se levantó y fue a sentarse junto a Mireya. Le puso el brazo sobre la espalda. Aunque hubo en su relato situaciones de ética dudosa, dignas de seguirse debatiendo, Zoe ya no quería rivalizar. Se quedaba con la esencia transparente de Mireya: Era una buena mujer quien se equivocó al amar. Pero de esa equivocación ninguna se salvaba.

Los tres vasos de limonada que Mireya preparó, permanecían intactos sobre la mesa. Ana, tomó el papel de anfitriona; se comidió a traer dos más. Les ofreció a los invitados que bebieran. Aceptaron, pero no lo hicieron.

Roberto escaló la charla hacia otras crestas. Su voz quiso ser natural.

—Ayer en la noche escribí el guión para el programa de Pilar. Le pedí al locutor que grabara una prueba. Si me lo permiten, voy a reproducirlo. Tengo planeado hacer un video para "el día de la vida" con este texto. Escuchen y piensen en las imágenes.

La iniciativa del psicólogo sonó postiza, como si quisiera atenuar la tensión emocional generando una pausa inconexa para asimilar ideas. Todas le agradecieron el gesto. Necesitaban esa pausa.

Roberto puso su tableta en la mesa central y activó el reproductor de audio. En la pantalla apareció un histograma que medía los picos de voz.

Zoe y Mireya cerraron los ojos tratando de ponerle imágenes mentales al guión.

Hoy festejamos el día internacional de la vida. En una época en la que muchas personas renuncian a vivir. Algunas hasta se ponen de acuerdo para suicidarse.

Hace años, Jim Jones, organizó un suicidio masivo. Creador de una secta religiosa socialista que predicaba la igualdad. Mucha gente se unió él. Sus seguidores lo llamaban "papá". Ejercía sobre ellos autoridad absoluta. Jones fundó una comuna autónoma con guardias apostados alrededor de la finca para impedir que la gente escapara. Cuando las autoridades lograron entrar, Jones dijo: "Llegó la hora, mártires del socialismo; hagan lo que tienen que hacer"; los adeptos sacaron cianuro en polvo. Las mamás se lo dieron a sus hijos; todos lo tomaron. Incluyendo él.

Mil personas murieron en uno de los muchos suicidios colectivos de la historia.

¿Por qué sucedió esto? ¿Cómo pueden dos o más personas ponerse de acuerdo para quitarse la vida o infringirse daño?

Somos seres sociales. Una de nuestras prioridades es recibir aprobación de la gente cercana. Formamos parte de grupos o familias a las que deseamos complacer. Sin embargo, muchas veces, esos grupos o familias nos llevan a la destrucción. Un ejemplo claro es el de las pandillas.

Juan Martínez fue condenado a prisión por robo y asesinato; confesó ante el juez que se atrevió a hacer cosas que jamás hubiera hecho por iniciativa propia. La pandilla lo presionó. Antes de ser condenado a prisión, formó parte de otras pandillas a las que trató de dejar, pero siempre regresó a alguna. A Juan no le servía de nada rechazar las pandillas mientras él mismo tuviese sentimientos de pandillero.

La mayoría de las personas no tienen convicciones, principios ni ideales. No saben lo que quieren... y tarde o temprano acaban unidas a quienes tampoco lo saben. De hecho, todos tendemos a ligarnos a gente de sentimientos similares... Los jóvenes enfadados con la vida, se agrupan (sin percatarse) con otros jóvenes también enfadados. Quienes han sufrido abusos o violencia (y tienen sed de venganza), eventualmente se asocian a individuos altamente vengativos.

Los seguidores de Jim Jones eran seres marginados, lastimados, solitarios; formaban parte de la secta en la que encontraban un supuesto consuelo, pero a la vez alimentaban sus rencores. Aunque hablaban del amor, estaban unidos por el odio.

En linchamientos, conciertos, marchas, protestas, manifestaciones o rebeliones, ocurren actos vandálicos inexplicables. Esto sucede porque la colectividad toma vida propia y elimina la voluntad de los individuos.

Pero todos podemos abstenernos de entrar a grupos destructivos. Para eso precisaríamos reconciliarnos con el ayer: amar nuestro pasado; pensar bien de la gente que lo conformó, comprender, generar buenos sentimientos; ponernos de pie sobre los recuerdos dolorosos para saltar más alto, en vez de llevar ese peso cargando a cuestas. Si Juan hubiese perdonado a quienes lo dañaron en el pasado remoto, no hubiese encajado en grupos de personas hostiles. Lo mismo aplica para el suicidio colectivo de Jim Jones, y de muchos otros asesinos en masa. Jamás hubiesen ocurrido si los suicidas hubieran sanado sus heridas emocionales antes; de haberlo hecho, ni siquiera hubieran estado en la comuna.

Siendo seres sociales, ¿no nos conviene encontrar la veta de paz que todos tenemos dentro, para que, en vez de daño autoinfringido o grupos peligrosos, propiciemos renovaciones colectivas de progreso y felicidad?

Hoy es el día internacional de la vida. Y la plenitud de nuestra existencia proviene tanto de los altos ideales que seamos capaces de generar, como de nuestros buenos sentimientos más profundos. Volvamos a soñar en grande. Vivamos con plenitud.

26

Roberto apagó el reproductor de la tableta. Mireya, Zoe y Ana tenían la cabeza hundida sobre sus hombros. Cada una en diferentes posiciones, pero las tres con gesto de pesar, como si de repente se hubiesen dado cuenta de una realidad muy simple: Ellas estaban unidas, más por lazos venenosos que por amistad fructífera.

Roberto se aventuró a emitir declaraciones exhortativas.

—Ustedes llegaron al borde del más negro precipicio... No pueden seguir odiando a sus padres, hermanos, tíos, exparejas, excolegas... Porque el odio les resta energía para encarar el futuro.

—Los sentimientos —balbuceó Zoe—, no es algo que elijamos... solo se sienten...

—Te equivocas, Zoe. Los sentimientos son, en realidad, pensamientos intensos; y todos tenemos control sobre lo que pensamos. Ustedes creen que otras personas las traicionaron y eso las ha llevado a sentir odio y deseos de revancha. Supusieron que matándose le darían una dura lección a la gente que las traicionó, pero se equivocaron. Porque el problema de ustedes es de relaciones humanas, y ese tipo de problemas no se arreglan con la muerte de nadie... todo lo contrario. Por ejemplo, Zoe. Cuando estuviste en el momento más crítico ¿qué pasó por tu mente?

—Nada.

—Zoe ¿qué sentiste?

—Tristeza. Por mis hijos. Por mis padres. Por la vida que no tuve.

—¿Lo ves? En tiempos importantes queremos darle un abrazo a alguien, pedir disculpas, arreglar lazos rotos... Hagan eso.

Zoe tenía los ojos brillantes por lágrimas que parecían haberse solidificado en cristales. Mireya había optado por ocultar el rostro detrás de las manos con las que se detenía la frente, y Ana había comenzado a carraspear.

—Interesante... —Mireya ironizó—. Recomiéndenle a un enfermo de cáncer que se sane a sí mismo...

Roberto contestó de inmediato.

—Ustedes pueden hacerlo si deciden pensar lo adecuado. Imaginen que lo sucedido en el pasado es solo una película que ya terminó, y ya salieron del cine. Es ilógico odiar a los personajes del filme. Olviden a quienes las dañaron.

Ana comenzó a toser. Zoe le ofreció agua.

—Hace mucho frío —notó Pilar—, ¿por qué tienen los ventanales abiertos?

—Queríamos respirar aire fresco.

—¿Puedo cerrarlos?

—Sí.

Ana en realidad trataba de expeler sus tribulaciones. Al fin logró controlarse y protestó.

—Olvidar, ¿cómo puedo olvidar lo que hizo mi tío? Todos los días le dedico un breve pensamiento de odio y le envío mis mejores deseos para que se pudra en el infierno.

—¿Y qué ganas con eso? —respondió Pilar—. ¿Crees que a tu tío le afecta lo que pienses y sientes? Él está muerto. No te puede oír.

—Se merece mi odio.

—No puede merecer nada porque sus actos y castigos "merecidos", ya expiraron. Pertenecen al ayer. Y el ayer es solo un recuerdo sin sustancia. Con pensamientos de rencor, traes al presente lo que ya no existe y lo revives y lo conviertes en realidad otra vez.

—Pero yo disfruto odiando a ese hombre.

Roberto intervino:

—Eso es masoquismo puro. No me cansaré de repetirlo. *Los sentimientos son solo pensamientos intensos.* Tú decides odiar o perdonar.

Pilar reforzó. Esta vez su gesto fuerte y combativo había cambiado por un tono fraterno.

—Ana Sofía. Al odiar a tu agresor te haces daño y le brindas de nuevo poder sobre ti. Perdona a tu tío. Perdona a tus padres, a Javier, a todos los hombres que usaron tu cuerpo. Perdónate a ti por haberte castigado. Y tú, Zoe, perdona a tu padre, a Paul, a tu marido, a tus hijos, a Rogelio. Mireya. Lo mismo. Perdona a Yuan y a los jefes que te hicieron su amante...

El ánimo enardecido que ocupó las moléculas del ambiente, se había trastocado en reflexivo. Fue Zoe la que preguntó.

—¿Y qué es perdonar?

Pilar siguió calmosamente, sabiendo que habían llegado a un punto en el que las ideas podían fungir como remedios imperecederos.

—Perdonar es borrar la deuda. Si alguien te robó dinero, al perdonarlo, decides regalarle ese dinero y olvidas la deuda. Si te robó tiempo, paz, dignidad, seguridad, salud... lo que sea, te enfocas en recuperar lo perdido por otros medios. Tal vez quieras vengarte de tu ofensor; desees que sufra por lo que te hizo sufrir y, además, que te devuelva lo robado. Pero con frecuencia en el proceso de generar esos pensamientos y sentimientos de venganza, perderás más... se te irá la vida y la alegría... Ya lo vivieron en carne propia. El rencor es un mal negocio. El peor. Así que disculpen a sus ofensores del pasado y no los vuelvan a incluir en el presente. Deslíguense de ellos emocionalmente. No permitan que las sigan lastimando... Y ustedes, compañeras que han sufrido porque se equivocaron, pero están dispuestas a cambiar, dense la mano y formen un nuevo grupo; uno constructivo, en el que se motiven a vivir y a fortalecerse para ser felices; en el que comiencen a hablar bien y a creer en lo imposible. Porque nadie es perfecto y todos tenemos derecho a rectificar.

Ana, Zoe y Mireya se habían quedado sin palabras. Respetaron el silencio de saberse desafiadas a una nueva forma de pensar; a una manera distinta de actuar. Ese día habían discutido demasiado. Tal vez era el momento de apoyarse con palabras sanadoras, o al menos decir algo de lo mucho que aprendieron. Pero en vez de eso, Ana elevó un nuevo reclamo.

—A mí me cuesta trabajo creer que todo esto pueda terminar así, con cursis frases de amor y compasión. Mireya nos metió en la cabeza la idea del suicidio porque quería venganza y quedarse con Yuan... y eso me orilló a hacer lo que hice... —jadeó con dificultad—, algo terrible que ninguno de ustedes sabe.

27

La actitud de Ana se volvió impredecible, como la de un animal despavorido que decide salir de su cueva. Todos se alertaron ante la nueva tormenta que los truenos anunciaban.

—Yo tengo un problema psiquiátrico —Ana Sofía arrugó los labios y continuó—, supongo. Creo. Todavía siento cómo mi personalidad se desdobla en ocasiones y Sofía me empuja al abismo, mientras Ana discute para convencerla de que vale la pena vivir —enfrentó a Mireya—. Amiga. Pensé que íbamos en serio. Me tragué tu plan completito y me preparé para dar el paso. Fuiste muy elocuente. Si nos hubieras dicho la verdad de tu romance con Yuan desde el principio, nos hubiéramos evitado la pesadilla.

—Estaba muy desorientada.

—¡No lo estabas! Tenías planes macabros. Y yo me los creí. Inventaste todo ese cuento de la inmolación para deshacerte de mí y de Zoe.

—Lo siento —Mireya trató de defender lo indefendible—; sentía que estallaba por dentro.

—¿Y nosotras, no? Viste que Zoe chocó en su auto y te dije que yo estuve a punto de cortarme las venas. En vez de decirnos la verdad, dejaste que tu odio secreto por el mundo, o por los hombres, o no sé por qué rayos, se volcara contra nosotras —repitió—. ¡Contra nosotras! ¡Tus dos mejores amigas!

Ana hablaba con firmeza, pero exenta del descontrol que por una parte las asustó cuando estuvieron encerradas en la cochera y por otra las ayudó a escapar a tiempo. Esta vez su reclamo parecía acicalado de un aire serio, formal, casi litigante.

—Tienes razón —Mireya se había encogido—. No sé qué decir.

—Yo fui prostituta, amiga... Como sabes, tuve clientes buenos y malos. Uno de ellos me drogó. Ortega. No lo hizo a escondidas ni me sorprendió con una sustancia oculta en un refresco. Ofreció inyectarme heroína y yo acepté. ¡Acepté porque Sofía quería morirse! Y caí en el fondo de un pozo del que casi no salgo. Pero Zoe me dio la mano. Ella me hizo recordar que dentro de mí existe una Ana que quiere ser feliz. Y consiguió meterme a un centro de rehabilitación donde me desintoxicaron. Luego estuve en terapias y recuperé poco a poco la salud. Pero Ortega siguió buscándome. Me reclamó dinero por la droga que algún día me dio. Fue muy insistente y amenazante... Y volví a trabajar para pagarle... Entonces caí de nuevo. No vi salida alguna en mi futuro. ¡Ahí, fue cuando apareciste con tu cuento de suicidarnos juntas!

Se detuvo. Todo eso había quedado claro.

—¿A dónde quieres llegar? —preguntó Zoe.

—A mi "tesis del arrojo". ¡A eso quiero llegar! Se las expliqué varias veces.

Zoe abrió los ojos al máximo. Recordó.

> *Aunque un individuo crea tener el valor para ciertas prácticas extremas por primera vez (como arrojarse de un paracaídas, cometer actos vandálicos, o inyectarse una droga devastadora), en realidad no puede hacerlo solo. Necesita el apoyo destructivo de otras personas.*

O dicho más simple. Para aventarse al abismo, siempre ayuda "un empujón".

—¿Cómo pudiste? —la voz de Zoe era inusualmente aguda—. ¡Le diste la cámara a Ortega, como pago! ¡Pero no por la droga!

Ana asintió.

—Eres muy lista.

—¡Y tú, muy estúpida!

—Lo hice para ayudar.

—¿Con qué derecho? ¡Me dijiste que Ortega te había amenazado con lastimar a tu familia si no le dabas dinero o algo valioso como la cámara profesional de Yuan! ¡Y era mentira! Maldita. Era mentira.

—La cámara ya no te serviría de nada. Tampoco el dinero. Estaríamos muertas.

Zoe había perdido la elegancia; sus reclamos se habían convertido en bufidos de impotencia.

Es la droga depresora más fuerte que existe. Podemos tomarla. Lo ideal sería inyectarla. Nos quedaremos dormidas y cruzaremos la línea. Eso sí, tal vez al momento indicado, necesitaré que alguien me ayude. Yo soy muy cobarde. A ver cómo le hacen para darme "el empujón".

—Ana Sofía, eres una traidora. ¡Le pagaste a Ortega para que nos encerrara!

—La traidora fue Mireya... Lo que yo hice estaba movido por la lealtad al grupo, en cambio ella...

Mireya se puso de pie y caminó hasta el lugar de Ana con una mirada intimidatoria, como si estuviese dispuesta a cruzarle la cara con una bofetada.

—¿Y fuiste tú la que me golpeaste en la cabeza? ¡Debería darte vergüenza!

Pilar y Roberto atendían la escena con los ojos redondos como platos. No comprendían nada. Pero las tres mujeres parecían haber encontrado una luz que las cegaba, un sonido que las ensordecía... hubo estatismo cargado de indignación. Mireya tenía la boca seca y la vista fija. El calor de la sangre subiéndole a la cabeza hizo que sus mejillas se encendieran de un rojo carmesí. Los recuerdos comenzaron a restallar.

En el garaje al volver en sí, Ana no había mostrado temor. Ni siquiera asombro. Solo dijo:

¿Ya? ¿Al fin? ¿Estoy muerta? Qué bien.

Y después:

Nos metieron al closet para que les diera tiempo de desconectar la luz.

¡Ella lo sabía! En el encierro era la única convencida de seguir el plan.

Mejor no apaguemos la fogata. Tomemos la droga ahora y acostémonos en el suelo. Alguien nos facilitó las cosas. Estar aquí es perfecto para nuestros propósitos. Esa era la intención.

Aunque varias veces se debatió con ideas contrapuestas que la pusieron en una seria crisis de ansiedad, Ana siempre había seguido insistiendo.

Si vamos a quitarnos la vida, este es el momento. Moriremos de todos modos. No tenemos agua, ni comida. Pueden tardar varios días en abrirnos. Para entonces será tarde... anda Mireya, saca la droga; todo estaba planeado así. Ustedes dijeron que lo haríamos.

Además, independientemente de su temor a la oscuridad, Ana Sofía encendió varias antorchas para dejar que el humo tóxico las envolviera.

No servía de nada gritar, regañar o devolverle el golpe en la cabeza. Mireya tapó su rostro con ambas manos y se dejó caer sobre el respaldo del sillón.

—Esto es increíble.

Zoe habló en tono bajo, sin la menor inflexión de ira o incomodidad. Solo brindando un informe objetivo de los hechos en atención a sus invitados.

—Al día siguiente de que mis amigas y yo planeamos suicidarnos, Ana me llamó para pedirme dinero porque, según ella, Ortega la había amenazado con lastimar a su familia si no le daba más... Entonces le comenté que yo no tenía dinero. Ana se enfureció conmigo. Me habló de un cheque, de un capital a mi nombre; me dijo que el dinero ya no me serviría de nada después y que ella necesitaba solo un poco para despedirse de este mundo; yo insistí en que no tenía; ella entonces me pidió la cámara.

Ana Sofía intervino vociferando.

—Sí. Así fue, pero tanto yo como ustedes necesitábamos ese empujoncito. Mi lucha interna jamás me hubiera permitido seguirlas en sus planes.

Esta vez Mireya tomó la palabra. Cada frase le electrizó la piel en un estremecimiento lento y febril.

—¡Le diste al tal Ortega la cámara de Zoe como pago para que nos metiera en el garaje, o en cualquier lado, con tal de cerrarnos todas las puertas! ¡Nos quitaste el derecho de arrepentirnos! ¡Contrataste a esos maleantes para que en cuanto Pilar saliera de la casa, llegaran y nos sometieran de modo que no pudiéramos escapar!

A las palabras perentorias de Mireya le siguieron momentos de un silencio gélido, seco, de una aridez sofocante.

Pilar alargó la mano para tomar el vaso de limonada.

—Hoy las cosas son muy distintas —Roberto quiso atenuar la tensión con un comentario bien articulado; subió el volumen—, porque para vivir se necesita coraje. Es bueno decir la verdad aunque la verdad produzca incomodidades; es bueno inconformarse, pelear, enfrentar diferencias. Eso es estar vivo.

No era necesario hacer la comparación evidente. La noche anterior las tres habían estado mitad muertas.

Pilar intervino.

—Ana Sofía. Me preocupa ese tal Ortega. Temo que pueda seguir molestándolas. ¿Le dijiste lo que planeaban hacer una vez encerradas?

—No. Él y su gente no preguntan detalles. Solo les interesa el dinero. Y los objetos. Por eso aprovecharon para robar.

—Robar es el único recurso de acción para muchas personas —dijo Roberto—, pero el dinero y los objetos no significan nada cuando se está a punto de perder la vida ¿verdad?

—Sí —Ana recordó el momento crucial de ese día en el que comenzó a golpear las paredes, y el cemento se despostilló abriendo un agujero por el que entró aire y luz—. En ese instante solo pensé en una cosa. Respirar. Comencé a decir: *Mientras respire, estoy viva; mientras respire, tengo algo que decir; mientras respire, tengo una misión que cumplir; mientras respire, tengo derecho a existir*.

Mireya y Zoe bajaron la guardia. Se miraron entre ellas.

El tono de Ana había sido humilde y sincero.

Vislumbraron algo. Aún respiraban.

Esa noche dormirían en sus camas.

Al despertar, recibirían el regalo que todo ser humano recibe cada mañana: El favor y la responsabilidad de un nuevo cheque de veinticuatro horas a su nombre.

Sintieron que la extrema tensión cedía ante un reparo de bienestar inexplicable.

Ana extendió las manos con gesto suplicante. Zoe la tocó en señal de tregua. Mireya le brindó un gesto amistoso y sonrió un poco.

Las tres habían comprendido que la vida es un privilegio irrechazable; que siempre podemos hacer las cosas mejor; que cada día tenemos en nuestro poder el privilegio de hablar, movernos y realizar actos de provecho. Que si alguna vez dudamos de nuestra capacidad, nos sentimos deprimidos, o nuestros problemas nos quitan el gozo, es mejor hacer una pausa y valorar lo que aún tenemos. Porque las piedras no respiran; los objetos muertos no respiran. Solo nosotros. Los seres vivos. Y eso es un don divino. Un regalo. Y sin duda aún tenemos algo bueno que hacer. Mientras respiremos.

28

Un sonido externo las hizo respingar.

Alguien había llegado.

Estaba abriendo el portón eléctrico del garaje principal, debajo de la cocina.

Zoe alzó la cabeza y exigió silencio adivinando la proximidad del peligro, como el animal de la planicie que se sabe caza fácil de un depredador.

El intruso no tocó ni trató de irrumpir por la fuerza. Al contrario. Tenía su propia llave y su propio control remoto. Y estaba entrando. Como quien llega a su casa.

—Es Yuan —adivinó Mireya sin poder ocultar su entusiasmo repentino—. ¿Qué hace aquí? Me dijo que no regresaría.

El recién llegado había encendido las luces exteriores y estaba manipulando cajas.

—¿Y ahora? —preguntó Ana.

—Esperemos —sugirió Pilar—. No tardará en entrar. Se va a sorprender al verlas juntas. —Era verdad; estaban reunidas las tres mujeres con quienes había tenido intimidad; su esposa, su amante, su extorsionadora—. Será un buen momento para establecer hacia donde irán las cosas.

Zoe parecía aterrada. Había comenzado a temblar. Se acercó a Pilar como pidiendo protección.

—¿Y qué debemos decirle? —preguntó—, mejor dicho ¿qué debo decirle? Yo soy su esposa. La única aquí con ciertos derechos legales. Bueno. Más o menos. Porque nada de lo material es mío, pero sí, claro, al menos soy la madre de sus hijos.

Mireya se aventuró a opinar.

—No lo trates mal, por favor. Si Yuan regresó es porque —titubeó, y se arrepintió de lo que estaba diciendo— no sé... —pero ya no pudo dejar la frase a medias—. Tal vez tiene intenciones de formalizar el divorcio.

Ana ironizó:

—Lo cual te vendría de maravilla, ¿verdad?

Zoe movió la cabeza.

—Lo dudo. Él no haría algo así de forma pública. Tiene mucho dinero y puede controlar todo desde cualquier parte del mundo sin arriesgar su imagen. Si regresó es porque olvidó algo.

—¿Y tú qué quieres decirle? —preguntó Roberto—. Tu opinión es lo que más importa.

—Sí —confirmó Pilar enfatizando la necesidad imperiosa de definir—, ¿tú qué quieres?

Después de lo ocurrido vino a la mente de Zoe la frase más coloquial. La que gritó intensamente varias veces ese día tratando de escapar.

—Que me deje salir —era simple; había vivido atrapada en una relación asfixiante; necesitaba oxígeno; quería dedicarse a ella misma, orientar a sus hijos, recuperar su dignidad, no rendirle cuentas a un hombre a quien no amaba. Recalcó—: Necesito ser libre.

Los ruidos en el garaje cesaron. Segundos después, el portón eléctrico se movió de nuevo. En la sala, todos guardaron silencio tratando de adivinar la posición del advenedizo.

El Mercedes Benz estaba estacionado ahí.

—¿Se va a llevar el auto?

—No lo ha echado a andar.

La mayoría de las paredes estaban hechas de yeso y madera. Los sonidos se filtraban como rumores sordos.

¡Ring!

¿Ahora estaba tocando el timbre de la puerta principal?

¡Eso era ilógico! Yuan tenía llave. ¿Por qué cuando estuvo dentro no subió las escaleras, debajo de la cocina, para entrar? ¿Por qué salió de nuevo a tocar el timbre?

¡Ring!

Mireya saltó del sillón. Se adivinaba en ella una cierta euforia contenida. Corrió hasta la puerta. Abrió.

—Buenas noches —dijo un hombrecillo robusto y moreno, con gesto servil—, mi nombre es Pascual, asistente del licenciado Juan Manuel. Busco a la señora Zoe.

—Dime, Pascual —Zoe se acercó.

—Su esposo me pidió que le entregara este sobre.

—¿Tú acabas de entrar al garaje principal y estuviste moviendo cajas?

—Sí. Disculpe. El licenciado me ordenó que pasara por unos documentos personales que guardaba ahí.

—¿Dónde está él?

—En el extranjero.

—¿Dónde?

—No tengo autorización de decirle. Solo vine por las cosas que me encargó... y a dejarle el sobre.

Era inútil discutir con el asistente.

—Está bien. Gracias, Pascual.

Volvieron a cerrar la puerta.

Zoe miró a sus invitados quienes trataron de disimular la curiosidad. Tal vez, para evitarse problemas, Yuan le había vuelto a mandar el cheque acordado con Ana que nunca fue cobrado.

Zoe mostró las palmas. ¿Qué más daba?

—Ustedes saben todo de mí.

Abrió el sobre y mostró el contenido. No había ningún cheque dentro. Solo una nota escrita apresuradamente. La leyó.

Zoe.

No me gusta lo que hiciste para extorsionarme. Abriste una grieta entre nosotros que jamás podrá cerrarse.

He pasado mucho tiempo pensando. Me ha sido difícil tomar esta decisión. Quiero mucho a mis hijos, y la idea de no verlos por un largo periodo me entristece. Pero es lo mejor para todos.

Nuestro matrimonio ha sido muy tóxico. Jamás ha habido pasión entre nosotros. Durante años, solo nos hemos tolerado. Yo te he hecho daño y tú a mí. Francamente lo nuestro no tiene futuro. Tu alianza traicionera con Ana Sofía me hizo entenderlo y reaccionar.

Siempre te ha interesado mi dinero. No entiendo por qué no cobraste el cheque que te mandé. A lo mejor lo estás guardando para después. Deberías hacerlo válido antes de que prescriba. También te he dejado mi auto y la factura endosada en mi cajón. Véndelo. Con eso podrás vivir holgadamente durante buen tiempo. La casa seguirá siendo mía; puedes usarla solo hasta que nuestros hijos se casen. Después ya veremos.

Como te das cuenta, me estoy portando bien contigo. Solo te pido que no se te ocurra hacer un escándalo ni vayas a hablar mal de mí ante los medios. No te conviene conocerme como enemigo. Me entero de todo. Estoy lejos, pero cerca. Cuida a mis hijos.

Nunca tuyo.

Juan Manuel.

—Malvado —dijo Ana después de que Zoe terminó de leer—. Quiere seguirte manejando.

Zoe se dirigió a Pilar.

—¿Qué hago?

—Es lo que querías ¿no? Dijiste "déjenme ser libre". Y te han dejado. Ahora vive día a día. Vende el auto. Reencuéntrate con tus hijos. Olvídate de Yuan. Piensa en ti y dale a tu existencia un plan vital.

—¿Cómo?

—Ayuda a otras mujeres.

—¡Cómo!

—¡Esto va para las tres! Ustedes han sufrido el desprecio de personas en quienes confiaron. Dejen de pensar: «me atracaron injustamente, yo no merecía esto, ¡que daño tan grave e irreversible me hicieron!». En cambio piensen así: «ni yo tuve la culpa, ni pudo ser de otro modo (porque no fue así), ni pude evitarlo, ni Dios lo propició; solo ocurrió, punto; ahora a recuperarse y a ver hacia adelante». Decidan pensar con optimismo sincero y busquen un propósito de trascendencia; ¡busquen servir! ¡Dejen de enfocarse en lo material! ¡Eleven su vista a nuevas dimensiones! Hallen su misión.

Zoe seguía pareciendo derrotista.

—Se dice fácil.

—Lo es. Miren —hizo una pausa como quien busca las palabras para simplificar algo muy complejo—. Lo que recordamos del ayer nos marca en el presente. Pero nuestra mente es tramposa. Tiende a recordar solo las emociones; no los hechos concretos. Y las emociones son producto de lo que pensamos. Por eso debemos pensar diferente; eso modificará nuestras emociones y veremos los hechos de manera más constructiva. Se le llama hallar un *propósito trascendente*. Ustedes pueden reescribir su pasado. Así como lo han hecho muchas personas... Yo soy testigo de grandes obras. Como periodista, me muevo en diferentes medios. Conozco políticos, empresarios, líderes sociales. He hecho trabajos de apoyo para organizaciones diversas. Quiero proponerles algo. Vayan a mi oficina. Las conectaré con gente buena que ha logrado capitalizar sus crudas experiencias para beneficio propio y el de muchos más. Si encuentran una misión mayor de vida, jamás volverán a pensar en el suicidio. Al contrario. Ayudarán a otros a evitarlo...

Mireya parecía convencida y conmovida.

—Eso justamente es lo que pensábamos hacer al dejar nuestros testimonios grabados. Ayudar a otros. Pero estábamos en un error garrafal. ¡No era la forma correcta!

—Exacto. ¿Qué dicen? ¿Las espero mañana?

Antes de emitir su respuesta afirmativa, las tres ya estaban asintiendo.

29

La ausencia permanente de Yuan en la casa fue un giro muy afortunado para Zoe y los chicos.

Cuando volvieron del campamento, su madre se sentó con ellos a platicar. No sabía cómo decirles que su papá los había abandonado. Sobre todo, temía explicarles las razones. Sabía que de alguna forma ella sería vista como culpable ante los ojos de sus hijos. Pero se equivocó. Los chicos ya lo intuían.

—Deja de andarte por las ramas, mamá —dijo Luis Ángel—. Papá se fue ¿verdad?

—¿Cómo sabes?

—Porque tiene otra mujer. Un día lo escuché hablando con ella. Daba vueltas en círculos adentro de su garaje; decía cosas ridículas, como si fuera un adolescente enamorado.

—¿Y por qué no me contaste?

—No quería lastimarte.

—¿Y tú —cuestionó a Lucía—, también lo sabías?

El visaje de la joven era menos belicoso; a ella sí parecía afectarle el tema.

—Papá nunca te ha querido. Eso se nota a leguas.

Su hermano la recriminó.

—¡Cállate, Lucía!

—Es la verdad. ¿Pero cuál es el problema? Papá tampoco ha querido a sus hijos. ¿Dime cuándo jugó con nosotros? ¿Cuándo se interesó en nuestras actividades?

Los jóvenes habían llegado muy sensibles del campamento; al parecer, su experiencia del viaje no fue del todo buena. Estaban necesitados de identidad familiar.

Zoe lo notó y se disculpó.

—Yo también he sido una mala madre. Perdónenme. Durante años solo pensé en mi dolor... en la tristeza de un matrimonio que no funcionaba... Los descuidé. Ustedes se volvieron rebeldes; indiferentes a mí. Todos en la casa nos desligamos emocionalmente... Y yo me sentí sola. Caí en una profunda depresión —dudó en decirlo, vio a los muchachos; Lucía de veinte años, Luis Ángel de diecinueve; eran adultos, tenían derecho a saber—. Hice una estupidez... Hace un mes, después de dejarlos en el aeropuerto, aceleré a fondo para quitarme la vida. Sobreviví de milagro. El auto está en la cochera. Fue pérdida total.

—¿Qué? —Lucía palideció y los ojos se le llenaron de lágrimas—. ¿Quisiste suicidarte?

La noticia fue para la joven como una descarga eléctrica. Zoe se dio cuenta de que no podía ahondar en el tema ni explicarles el resto de la historia. Solo resumió:

—Fue un arranque de locura.

—¿Tan mal está tu vida? —Lucía escupió las palabras—. ¿Tan poco valemos para ti?

—Eso ya pasó. Las cosas van a cambiar.

—¿Cómo, mamá?

—Voy a empezar a trabajar en un lugar en el que ayudaré a otras mujeres que han sufrido depresión —repitió las palabras de Pilar—. Eso me va a dar un sentido mayor de vida; un propósito trascendente. Y respecto a nosotros... Bueno. En la casa ahora solo estaremos los tres. Quizá podamos aprender a ser amigos.

Los muchachos agacharon la cabeza.

Zoe pensó en tocarlos, abrazarlos quizá, pero ni ella ni los chicos se movieron.

30

Mireya se pasó un cepillo redondo alisándose el abundante cabello con una ruidosa secadora. Estaba orgullosa de nunca habérselo teñido.

Ensayó una sonrisa coqueta mostrando sus dos dientes frontales que sobresalían cuando estaba contenta. Parecía de nuevo la niña pecosa de piel rosada, cara redonda y caireles anaranjados.

Sí. Ella se equivocó al amar y fue lastimada en nombre del amor, pero seguía amando mucho. Cada vez más. No podía evitarlo.

—¡Cómo se va el tiempo! —habló consigo misma—, a veces, parece que las cosas importantes sucedieron apenas ayer... Pero otras veces, es todo lo contrario.

Habían pasado seis meses desde que estuvo encerrada con sus amigas en la cochera de Zoe. ¡Seis meses de haber orquestado ese suicidio colectivo del que siempre planeó excluirse! Qué curioso. Sentía como si el desafortunado episodio hubiese ocurrido años atrás; siglos; en otra vida.

Ciertamente fue un parteaguas para todas.

Después de aquella noche en la que las amigas aclararon todo y recibieron la consigna de anclar sus vidas a un propósito de altura, Pilar se avocó a ayudarlas. Las tres acudieron a su oficina. Hicieron con la periodista un plan de recuperación completo. Ella las incluyó en diferentes grupos.

Mireya se apuntó para ser la contadora de una de las llamadas *fundaciones de segundo piso* (que no operan proyectos específicos sino buscan financiar a otros organismos como orfanatos y asilos). Pero fue plan con maña, porque posicionarse en esa cúspide le permitió seguir de cerca las campañas para recaudar fondos que aún dirigía la empresa de Yuan. Así volvió a ponerse en contacto con él.

En un pasado remoto se dejó amar por dos jefes oportunistas, para después entregar su corazón al hombre equivocado... Pero las cosas habían cambiado. Ese hombre ya no estaba emocionalmente comprometido; y su esposa se había olvidado de él.

Mireya tenía un nuevo plan.

Acababa de renunciar a la fundación.

Con la excusa de que su despacho atendía a demasiados clientes, había invitado a otros contadores para que se encargaran de ellos. Planeaba cerrar sus oficinas pronto. Solo necesitaba la seguridad de una última prueba: Quería mirar a los ojos a Yuan. Saber si era cierto lo que le había dicho por mensajes de texto. Las palabras en un chat pueden fingir amor. Pero los ojos, no.

De cualquier manera, ella estaba dispuesta a dejar todo por él. Y darlo todo.

Apagó la secadora; la colocó sobre la mesa.

Su departamento había sido preparado para una larga ausencia. Nadie sabría a donde había ido. Por supuesto no lo sabría Zoe, ni Ana, ni Pilar, ni Roberto. Había borrado sus rastros de redes sociales y había cambiado su email.

Recibió un nuevo mensaje en el celular y experimentó un sobresalto involuntario.

Leyó la pantalla del teléfono y tembló.

Se apresuró a escribir.

“Voy saliendo”.

31

Zoe descubrió cuán difundida es la problemática de muchas personas atrapadas en ambientes opresivos de maltrato psicológico.

En menos de un año se convirtió en elemento activo de la organización más importante para difundir pormenores sobre violencia emocional en Latinoamérica. Una academia de capacitación virtual que emitía boletines electrónicos, promovía campañas en redes sociales y editaba videos para hacer conciencia del problema.

Zoe maduró como mujer. Dejó de tener ese aspecto de extrema delgadez que la hacía parecer víctima de un problema alimentario; volvió a dejarse crecer el cabello y se lo tiñó de negro azabache como lo tuvo siempre desde niña. Ya no le importaba si alguien le decía "la bruja de Salem". Ahora su autoestima era fuerte y su visión de las cosas superior. Se volvió tan productiva y tan versada en su labor, que comenzó a percibir ingresos importantes. Vendió el auto de su marido y con ese dinero compró tres. Uno para ella y uno para cada hijo. Poco a poco recuperó la credibilidad de Lucía y Luis Ángel. Los chicos se inmiscuyeron en su trabajo e hicieron equipo con ella.

Zoe insistió en enseñar a sus hijos que nadie puede eximirse de la responsabilidad de sus decisiones en la juventud. Los errores más graves de la adultez tienen una raíz remota. Por eso les advirtió, les explicó con crudeza que todos nacimos para ser libres, para amar de verdad. Amar *en libertad*.

Aunque Zoe se volvió la mujer valiente que nunca fue y ayudó a muchas otras a serlo también, no dejó de sentir dolor profundo por alguien a quien no pudo ayudar. Su muy querida amiga, Ana Sofía.

32

Ana, la rubia de ojos claros y piel canela que cuando caminaba, hacía girar la cabeza de los transeúntes al pasar, luchó a brazo partido con los fantasmas despiadados que la acompañaron desde niña. Y en buena medida los venció. Por desgracia, no del todo.

Después de la terrible experiencia del garaje, acudió a Pilar para enrolarse en el organismo vinculado con brindar apoyo a víctimas de violencia sexual. Habló en las calles, en las escuelas, y en los medios sobre cómo el abuso puede y debe evitarse. Cumplió sus sueños de ayudar a despertar conciencias. Sin embargo, los fantasmas la contraatacaron por otro flanco. Ortega.

Ana Sofía era una mujer llamativa. El proxeneta quería tenerla bajo su control; volvió a presionarla por supuestas deudas. Ella cayó en el juego macabro de las amenazas mutuas. En vez de poner un alto y pedir ayuda a su nueva red de apoyo, quiso enfrentar sola al delincuente.

Una noche los secuaces de Ortega (los mismos que encerraron a las tres mujeres meses atrás), la drogaron. Al despertar, recordó que la droga le brindaba una (falsa) profunda paz. Siguió dando charlas en algunos foros, pero comenzó a parecer distraída, imprecisa en sus mensajes, inconexa en su dialéctica. Pilar le preguntó qué le pasaba. Ana no se lo dijo. Le faltó fuerza para detener a sus instigadores, y humildad para pedir ayuda.

Recayó en las drogas.

Sería hermoso que todas las historias tuvieran un final feliz, y que a las personas inocentes les fuera siempre bien.

Pero la vida no es así. Todos caemos. Muchos se levantan. Algunos no. Por eso el reto más grande del ser humano es aprender a levantarse; siempre; las veces que sean necesarias. Y si alguna vez resbala hasta el fondo de un agujero, debe gritar, buscar, a como dé lugar, la mano amiga para salir; siempre hay una.

Ana esperó que las cosas se arreglaran por sí solas. Pero eso rara vez sucede. Quien de verdad quiere ser libre, necesita exigir. ¡Para romper ataduras de maltrato psicológico, violencia sexual o manipulación emocional, es necesario levantar la voz con fuerza! No podemos ser cobardes, vacilantes o apocados. Se trata de sobrevivir. Ana no lo logró.

Su cuerpo fue encontrado en un motel de paso a las afueras de la ciudad. Dejó una nota sobre la mesa.

Yo viví encerrada en depresión por años, prisionera de espectros que me encadenaban. Logré superar el abuso de mi tío y salir de aquella cárcel. Pero lo hice llena de odio. Y el odio me llevó a cometer errores. Muchos. Tantos que ahora me estoy ahogando en un fango muy espeso.

Hace tiempo aprendí que mientras respiremos tenemos una misión que cumplir. Solo que ya casi no respiro. Lo hago cada vez a menores intervalos. Una mano espectral me tapa la nariz y la boca por las noches. La mano de Sofía. Hoy, ella me ha convencido de inyectarme el anestésico veterinario.

Para aventarse a un precipicio, siempre ayuda un empujón.

Y Sofía me lo ha dado.

33

El reportaje sobre Ana Sofía fue transmitido en cadena nacional. Duró casi una hora. Cuando terminó, Pilar apareció a cuadro en la pantalla. Ella solía despedir su programa con avances de lo que presentaría la siguiente semana, pero esta vez, se sentía especialmente conmovida. Las lágrimas le martillaban los ojos.

El productor le hizo una señal, detrás del camarógrafo central.

Estaban al aire.

—Acabamos de ser testigos de una historia real —aclaró su garganta—. Una historia triste. Yo conocí de cerca a Ana Sofía. Fue mi amiga. Aprendí a quererla —parpadeó varias veces—. Reconozco su calidad como persona y honro su memoria —se detuvo un par de segundos—. Sin embargo, hay miles de niños, niñas y mujeres que hoy gritan, desde el silencio de sus cuartos, desde los rincones de sus trabajos, desde las aulas de clases: ¡Estoy atrapada! ¡Sáquenme de aquí! —se le escapó una lágrima furtiva y la borró con la muñeca—. Como sociedad, es nuestra responsabilidad escuchar esos gritos, estar alertas para que no haya otra Ana Sofía. Ella logró su sueño de dar un mensaje al mundo: *El abuso sexual puede evitarse*... —bajó la vista y reflexionó como para sí misma—. Pero no consiguió restaruarse por completo... Todos tenemos un pasado; no siempre es bueno; aun así, el pasado nos brinda experiencia y sensibilidad; con eso deberíamos tomar buenas decisiones para el futuro. Ana Sofía, no...

Se detuvo. Era inadecuado hablar mal de quienes ya se habían ido; sin embargo en su mente martillaba el hecho de que Ana Sofía escavó su propia tumba cuando decidió vengarse manipulando a hombres y vendiendo su cuerpo; cuando rechazó la ayuda de su asesora escolar y dejó la universidad; cuando aceptó inyectarse heroína en las venas; y al final, cuando se volvió a enredar con gente mafiosa sin levantar la voz para poner un alto.

—Lo que le sucedió a ella —corrigió—, no representa a la generalidad de quienes sufren algún tipo de abuso. Yo sé de muchas víctimas que se han realizado, porque en el dolor hallaron sabiduría y la usaron para hacer el bien.

Dirigió su vista a los invitados que la miraban en la antesala detrás de cámaras. Se refirió a ellos:

—Laura, por ejemplo, es una maestra que sabe cuidar, escuchar y orientar a los niños de manera especial. Rubén es abogado, y ayuda a gente mediante procedimientos legales. Helena es empresaria, y financia las causas para combatir la trata de personas o esclavitud sexual; Susana es vendedora, y beneficia a sus clientes con su sonrisa y optimismo; Fernanda es madre; ama a su esposo y es la mejor amiga de sus hijos...

Pilar tenía el rostro enrojecido; una inusual pasión la había movido a explayarse como si de ello dependiera el rescate de muchas víctimas anónimas.

—¡Yo conozco a estas personas! —continuó—. *Todas* sufrieron algún tipo de violencia extrema, ¡pero *todas* decidieron fortalecerse y crecer! ¡A ninguna le fue fácil! Estuvieron en terapias constantes. Leyeron libros y se acercaron al Dios de amor para pedirle fuerzas ¡y reaprender a amar! Entendieron que debían levantarse y lo hicieron —cerró un puño, lamentándose; recordó como Ana Sofía mencionó en el encierro que deseaba ayudar a otros y soñó en reintegrarse a la sociedad—. ¡Pero las palabras no sirven de nada mientras no se practiquen! Los sueños son espuma vacía a menos que se respalden con acciones firmes; ¡con hechos concretos! —el asistente le hizo una seña de salida; Pilar terminó con una exhortación suplicante—. Mujeres; hombres que han sufrido abuso. Niños que han sido molestados. Entiendan esto: Están vivos porque respiran y eso es un gran compromiso *de acción y de progreso*. No pueden cambiar el ayer, pero sí pueden usarlo como plataforma para levantarse y brindar esperanza. Ustedes tienen la sensibilidad y la fuerza. ¡Tienen también el poder para decidir! Por favor no se equivoquen —la música de salida comenzó a acompasar sus palabras finales—. Por cierto —se despidió—. Me conocen. Soy Pilar Burgos. Periodista. He hecho cientos de reportajes para despertar conciencias —tragó saliva como si la última frase se le hubiese atorado en la parte del cuello donde se guardan los secretos que no pueden salir; lidió en el escollo; y lo dijo—. También, cuando era niña, sufrí abuso sexual...

Los camarógrafos cerraron la toma y desvanecieron el foco.

Se escucharon aplausos provenientes de diversos puntos en el estudio.

Pilar permaneció quieta. Roberto se acercó a ella. La abrazó.

Detrás estaban varios invitados. Uno a uno le fueron dando la mano. Todos se sentían energizados y radiantes; tenían razones muy claras para eso, porque la vida sigue y por más que sea difícil, tenemos el reto de volverla bella; porque aunque nos vaya mal, podemos hacer que nuestros actos brillen, y porque respirar nos recuerda que aún podemos dejar, en el mundo, esa marca especial que nos distingue... La huella de amor por la que fuimos hechos.

Este libro se imprimió en Enero del 2015 en:
los talleres de Litográfica Ingramex, S.A. de C.V.
Centeno 162-1, Col. Granjas Esmeralda
México D.F. C.P. 09810
ESD 1b-70-8-M-10-01-15